Dorothea Beigel

Waltraud Steinbauer

Kurt Zinke

Das bewegte Klassenzimmer

Ein Projekt zeigt Wirkung:
Ergebnisse und Anregungen für die Praxis

VAK Verlags GmbH
Kirchzarten bei Freiburg

Bibliografische Information der Deutschen Bibliothek
Die Deutsche Bibliothek verzeichnet diese Publikation
in der Deutschen Nationalbibliografie; detaillierte
bibliografische Daten sind im Internet über
http://dnb.ddb.de abrufbar.

VAK Verlags GmbH
Eschbachstraße 5
79199 Kirchzarten
Deutschland
www.vakverlag.de

2. Auflage 2005
© VAK Verlags GmbH, Kirchzarten bei Freiburg 2002
Abbildungen: Michael Beigel, Kurt Zinke (Grafik 4, 5, 6)
Lektorat: Norbert Gehlen
Umschlag: Hugo Waschkowski
Satz und Druck: Himmer, Augsburg
Printed in Germany
ISBN 3-935767-03-X

Inhalt

Vorwort

Wir können eine Lernwelt schaffen, die Kinder klug macht, wenn wir Kinder wie Kinder behandeln und ihren natürlichen Bedürfnissen gerecht werden!

„Leichter lernen durch Bewegung" ist der Titel des Projekts, von dem dieses Buch berichtet. Dieser Titel signalisiert zum einen, dass hier etwas in Bewegung gekommen ist – das Lernen. Zum anderen – wenn die Betonung auf „Bewegung" gelegt wird – sagt er aus, dass „in Bewegung" gelernt werden kann. Wer das Buch gelesen hat wird begreifen, dass sogar „in Bewegung" gelernt werden muss.

Ausgangspunkt für das Erscheinen dieses Buches war die Zunahme auffälliger Schülerinnen und Schüler, die zu einer deutlichen Problematisierung beim Übergang vom Kindergarten zur Primarstufe führte. Natürlich blieb diese Entwicklung dem von mir geleiteten Staatlichen Schulamt nicht verborgen. Was lag also näher, als nach solchen Lehrkräften zu suchen, die sich der Problematik stellten und adäquate Lösungen erprobten?

In dieser Zeit begegnete mir die Lehrerin (und Autorin dieses Buches) Dorothea Beigel. Sie hatte an ihrer Schule den Versuch gemacht, mit der Einführung des Elements Bewegung den Unterricht für beide Seiten (Schüler und Lehrer) zu verbessern, statt nur über die Verhältnisse zu klagen. Die Einbeziehung ihrer Kolleginnen und Kollegen und deren Feedback zeigten, dass mit realistischen Maßnahmen etwas getan werden kann, das im „bewegten" Klassenzimmer beginnt und sich schließlich sogar auf die gesamte Schule auszudehnen vermag.

Im Rahmen meiner Möglichkeiten unterstützte ich die Lehrerin und überlegte mit ihr gemeinsam, wie ihre Erkenntnisse für andere Kolleginnen und Kollegen zur Verfügung gestellt werden könnten. So entwickelte sich sehr bald ein zu Anfang noch kleines Netzwerk von Lehrerinnen und Lehrern, die über Fortbildungsmaßnahmen Zusatzqualifikationen in der Motopädagogik erwarben, während Dorothea Beigel zur Edu-Kinestetik und schließlich zur Neurophysiologie „vorstieß".

Wer geglaubt hatte, dass damit die zunehmende Problematik der Übergangssituation Kindergarten–Primarstufe entschärft werden könnte, sah sich jedoch getäuscht. Die Hilfen des Netzwerks waren nichts anderes als der so oft zitierte „Tropfen auf den heißen Stein". Obwohl die Fördermaßnahmen inzwischen auch im Bereich des Staatlichen Schulamts angelaufen waren, standen wir vor der Tatsache, dass der Anteil auffälliger Kinder sich von 20 Prozent eines Einschulungsjahrgangs auf häufig mehr als 30 Prozent erhöhte. An manchen Schulen mag er inzwischen sogar bereits die 40-Prozent-Marke erreicht haben.

Dies gab den Anstoß zu dem Plan, mit diesem Buch und mit weiteren Veröffentlichungen die Zahl der auf ihre Aufgabe praxisnah vorbereiteten Lehrerinnen und Lehrer zu erweitern und auf diesem Wege den Versuch zu machen, den Stein nicht noch heißer werden zu lassen. Weitere Vorhaben des Teams um Frau Beigel mögen dazu beitragen, die Tropfen auf den Stein in einen Wasserstrahl zu verwandeln, durch den der Stein abgekühlt werden kann.

Ich danke allen, die an diesem Buch mitgearbeitet haben, für ihr großes Engagement zum Wohle der Kinder und wünsche den Leserinnen und Lesern, dass sie angesteckt werden von dem Elan, der aus den „bewegten" Beiträgen spricht.

Hartmut Schrewe
Leitender Schulamtsdirektor

Dorothea Beigel

Wie mein Unterricht in Bewegung kam

Mein beruflicher Lebensweg ist stark geprägt worden von dem Bedürfnis, den mir anvertrauten Kindern gerecht zu werden. Ich spürte eigentlich immer die Notwendigkeit, das, was man uns gelehrt hatte – da gab es das Diktat der Stoffvermittlung – mit den Bedingungen und Ansprüchen der Kinder in Einklang zu bringen. Und immer wieder waren es eben die Kinder, die die alleinige Förderung durch den Lernstoff in Frage stellten und nach einem anderen Lernen verlangten.

Am stärksten fiel mir auf, dass die Kinder unendlich viel Spiel brauchten und im Spiel am meisten lernten. Es war, als ich 1974 im Schuldienst anfing, überhaupt nicht üblich, dass in der Schule gespielt wurde. Da wurde man selbst in der Sonderschule belächelt, wenn man mit Bilderbuch, Puppenkiste oder Verkleidungskiste auftrat und alte Eierkartons mitbrachte – heute ist dies alles schon eher gebräuchlich, aber damals stieß es noch auf Unverständnis. Die Schule, an der ich arbeitete (eine Schule für Lernhilfe), hatte anfangs überhaupt kein Spielmaterial, auch nicht für die Kinder, die in die Eingangsklasse kamen („Lernhilfekinder" ab dem 6. Lebensjahr, die entwicklungsverzögert waren). Es gab nur Schulbücher – aber auch ein Kollegium mit sehr vielen liebevoll engagierten Lehrern. Im täglichen Unterricht merkten wir: Ohne Singen, ohne Bewegen, ohne Spielen kommen wir nicht weiter; anders ist Freude bei den Kindern nicht zu wecken und der Lernerfolg bleibt äußerst gering.

Aus dem Austausch mit zwei Lehrerkollegen, die auf dem gleichen Flur arbeiteten (einem Sportlehrer und einem Sprachheillehrer), hat sich alles entwickelt. Wir begriffen: Kindern tut die Bewegung, tut das Spielen nicht nur einmal in der Woche gut; die tägliche Turnstunde ist besser! Wir fingen mit dieser täglichen Turnstunde an und merkten, dass dieses Turnen, wie wir es vermittelten, nicht ganz das Richtige war; es musste zusätzlich der spielerische Aspekt hinzukommen. Also machten wir aus der Turnstunde eine Bewegungsstunde, in der nicht nur das ganz freie Bewegen, sondern auch die gezielte Bewegung angeboten wurde. Wir konnten dann bald beobachten, dass sich die Kinder veränderten; sie wurden fröhlicher, selbstbewusster, aufgeschlossener, machten besser mit – sie bewältigten ihren Schulvormittag ganz einfach leichter und besser.

Einmal wöchentlich gingen wir mit den Kindern zum Schwimmen. Natürlich nahmen wir allerhand Spielgeräte mit. Bald entstand auch die Idee den Schulhof zu verändern. Als Erstes bauten wir einen Sandkasten, dann bemalten wir den Schulhof. Später wurden in Gemeinschaftsaktionen von Lehrern und Eltern verschiedene Spielgeräte aufgebaut – was zu jener Zeit selten war.

Uns allen war klar, dass wir eigentlich nur aus dem Bauch heraus handelten. Irgendwann kam die Frage nach der Theorie auf: „Gibt es denn dazu auch etwas zu lesen?" Mehr durch Zufall hörte ich von der Psychomotorik und machte meine *Zusatzqualifikation in Motopädagogik*. Niemand wusste anfangs so richtig, was das ist, und ich traute mich erst noch nicht zu sagen, was ich da machte. Aber in diesen vier Wochen der Fortbildung war mir, als ob Decken von mir gezogen würden! Alles, was ursprünglich meine Idee für das Lernen mit Kindern gewesen war, floss hier zusammen und bereitete unendlich viel Spaß. Auch meine Kollegen ließen sich begeistern und so haben wir schließlich sehr viel verändert.

Dann kam für mich ein *Wechsel*; trotz aller Möglichkeiten, die ich in der Sonderschule hatte – nach 16 Jahren war es für mich wichtig und richtig zur Grundschule überzuwechseln. Dort, dachte ich, sei alles ganz anders. Es war ja auch vieles anders, die Kinder sangen sogar Liedtexte mit, antworteten auf Fragen und erzählten gerne etwas zu Geschichten, die sie hörten. Aber ebenso vieles war auch gleich: Auch diese Kinder brauchten Spiel, sie brauchten Bewegung und mir fiel auf, dass es sehr viele Grundschüler gibt, die ähnliche Wahrnehmungsauffälligkeiten haben wie die Lernhilfekinder! Und ich dachte bis dahin, dass die Lernhilfekinder in diesen Bereichen viel auffälliger seien.

Ich erkannte schnell, dass ich durch *Bewegungsförderung* bei den Kindern sehr viel mehr erreichte. Und außerdem war der Vormittag einfach immer schön! Es machte Spaß und die Eltern unterstützten den „bewegten" Unterricht, nachdem ich ihnen erklärt hatte, was ich da tat und warum. Es kam auch keine Angst auf, wenn die Nachbarklasse schon auf Seite 10 war und wir vielleicht noch gar nicht angefangen hatten mit dem Buch zu arbeiten, denn am Ende des Jahres stellte sich heraus, dass unsere Klasse alle Lerninhalte gut erarbeitet hatte und im Hinblick auf Verständnisfähigkeit manchmal weiterentwickelt war. Am Anfang kam es allerdings durchaus vor, dass ich mit Zweifeln zu kämpfen hatte, wenn die Parallelklassen schon viel weiter waren im Lernstoff. Ich dachte dann immer an meine Verantwortung und hatte Zweifel, ob ich ihr überhaupt gerecht würde.

Ich musste mich damals immer wieder zurückholen und fragen: „Was ist die Grundlage des Lernens, warum arbeitest du so mit den Kindern? Mach es weiter und gib immer Acht, dass den Kindern kein Nachteil entsteht!"

Aus diesem bewegten Klassenunterricht ergab sich dann, dass ich dachte: „Praxis ist sehr schön, aber dafür brauche ich noch mehr Theorie! Ich gehe nach Marburg und studiere dort *Motologie*."

Im Zuge meines (Begleit-) Studiums entwickelte sich der erste motopädagogische Förderunterricht in der Schule, denn fortan war ich einmal wöchentlich in der Universität und stand den Kindern erst nachmittags zur Verfügung. Die Nachfrage war groß; so bot sich dieser *nachmittägliche Förderunterricht* geradezu an.

Das Motologie-Studium hat mir viel gebracht, weil es mir die Fähigkeit vermittelte, auf Fragen zu antworten und kompetente Erklärungen zu geben. Die Motopädagogik-Förderstunden wurden von Anfang an sehr gut angenommen – bald schon so sehr, dass bereits andere Schulen oder Kinderärzte nachfragten. An dieser Stelle sei erwähnt, dass die Stunden für die Kinder kostenfrei waren, was sicherlich zu ihrer Beliebtheit beigetragen hat. Aus anfänglich nur einer Motopädagogik-Stunde wurden drei und durch einen Sponsor bekamen wir zusätzlich eine Motologin, die weitere Stunden erteilte.

Dann kam die Frage auf, was zu tun sei, um den Bedarf anderer Schulen decken zu können. Da wurde uns bewusst, dass mehr Lehrkräfte als nur wir beteiligt werden mussten. Wir warben verstärkt für die Veränderung des täglichen Unterrichtsgeschehens und fanden so Kollegen, die zur *Lehrerfortbildung* bereit waren. Lehrer von Grundschulen, die als ganze Kollegien kamen, interessierten sich für unser Angebot und bildeten sich fort. So wurden – damals in Wetzlar, im Lahn-Dill-Kreis und Umgebung – die ersten motopädagogischen Nachmittagsstunden auf breiter Basis eingerichtet. (Für alle, die in Geographie vielleicht einmal schwache Schüler waren: Wetzlar und der Lahn-Dill-Kreis liegen im Herzen Deutschlands, in Hessen, zirka 80 km nördlich von Frankfurt am Main.) Hierauf aufbauend brachten wir die Motopädagogik noch stärker in die Lehrerfortbildung ein und bald wurden mehrere Angebote realisiert. Die Kooperation mit der Akademie für Motopädagogik und Mototherapie (AKM) (einer bundesweit operierenden Fortbildungseinrichtung) begann 1998 und inzwischen haben zahlreiche Lehrkräfte unserer Region in Zusammenarbeit mit dem HeLP (Hessisches Landesinstitut für Pädagogik) die „Zusatzqualifikation Motopädagogik" erworben.

Ich persönlich war neugierig geworden, also machte ich eine Ausbildung in *sensorischer Integrationstherapie*, die in der praktischen Umsetzung ihren Schwerpunkt auf den Zusammenhang von Bewegung und Kognition durch sensomotorische Erfahrungen legt. Ich schaute mir in diesem Zusammenhang gemeinsam mit einer Sprachheillehrerin die vier frisch eingeschulten Eingangsklassen einer Grundschule an, weil wir wissen wollten, wie viele Kinder mit Wahrnehmungsschwierigkeiten, motorischen Auffälligkeiten, Sprachdefiziten und Konzentrationsproblemen eingeschult wurden. Und wir erschraken damals geradezu, als wir feststellten, dass von vier Eingangsklassen sozusagen eine ganze Klasse, nämlich 25 Prozent der Schüler Auffälligkeiten in diesen Bereichen zeigten! Ich dachte erst, das dürften wir niemandem erzählen, sonst würden wir für verrückt erklärt werden. Dann aber fanden wir einen Artikel in einer überregionalen Zeitung, in dem sogar von einem Drittel bewegungs- und wahrnehmungsauffälliger Kinder die Rede war! Einige Kinderärzte sagten zu jener Zeit, der Prozentsatz liege etwa bei 20 Prozent. Wir lagen also mit unseren 25 Prozent durchaus in einer realistischen Größenordnung.

Ich habe dann zusätzlich die *Edu-Kinestetik* kennen gelernt und die *Brain-Gym*®-Übungen in den Unterricht integriert. Für die Schulkinder wachsen die quantitativen wie qualitativen Anforderungen in Bezug auf Lernen ständig. Jede gezielte unterstützende Maßnahme (wie *Brain-Gym*®), die zur Erleichterung und Unterstützung des Lernens und der Konzentration führt, kann individuell Hilfe bieten. Eine Wahlmöglichkeit unter den unterstützenden Maßnahmen für das einzelne Kind sowie eine Kombination von Fördermöglichkeiten erscheint mir hilfreich und sinnvoll.

Von der *Edu-Kinestetik* hörte ich in einem Seminar der Motologen zum ersten Mal. Es faszinierte mich, wie gezielt die Gehirntätigkeit durch spezielle Bewegungen beeinflusst werden kann; da lag der Gedanke an die Kinder mit Lern- und Konzentrationsschwierigkeiten sehr nah und natürlich habe ich mich in diesem Bereich über die folgenden Jahre hinweg fortgebildet.

Schrittweise versuchte ich die edu-kinestetischen Übungen spielerisch, kindgemäß und mit Spaß in das Unterrichts-

geschehen einzubauen, ohne die Grundsätze der Motopädagogik zu vernachlässigen.

Die in diesem Buch dargestellte Untersuchung zur Edu-
Kinestetik machten wir an einer dreizügigen Grundschule in
einem Stadtteil von Wetzlar und versuchten die Ergebnisse
auf breiter Ebene für die Arbeit mit den Klassen und durch
Angebote in der Lehrerfortbildung ein- und umzusetzen.

Auf dem Gelernten aufbauend bildete ich mich in der *neurophysiologischen Entwicklungsförderung* nach Blythe und Goddard weiter, die ich in engem Zusammenhang mit Motopädagogik, sensorischer Integrationsförderung und Edu-Kinestetik
sehe. (Peter Blythe ist Leiter des Instituts für neurophysiologische Psychologie in Chester/England; Sally Goddard thera-
piert, lehrt und forscht an diesem Institut.) So kam ein Mosaik-
stein zum anderen und das Mosaik wird sicherlich niemals fertig sein.

Ich danke den Kindern meiner damaligen Klassen und
Gruppen, die sich für die im vorliegenden Buch abgedruckten
Aufnahmen zur Verfügung gestellt haben.

Dorothea Beigel
Herbst 2001

Dorothea Beigel

Warum Bewegung im Klassenzimmer?

Wie in der Einführung bereits dargestellt haben wir als Lehrerinnen und Lehrer mit einer steigenden Zahl auffälliger Kinder zu tun, die es uns schwer zu machen scheinen den Bildungs- und Erziehungsauftrag zu erfüllen. Die Reaktionen reichen von Resignation bis zu hektischer Betriebsamkeit. Einer der Gründe hierfür ist sicherlich darin zu sehen, dass wir immer noch nicht genügend auf die Schulwirklichkeit vorbereitet werden.

Probleme mit zunehmend mehr auffällig werdenden Jungen und Mädchen gibt es überall; deshalb möchten wir mit diesem Buch Mut machen, konkrete Lösungsvorschläge anbieten und auf diese Weise dazu beitragen, dass die Probleme besser und möglichst flächendeckend angegangen werden.

Im Grunde genommen ist der Ansatz zur Problemlösung nicht schwer, wenn wir uns von den traditionellen Vorstellungen von Schule als einer ausschließlichen Lernanstalt verabschieden. Die Beschäftigung mit der Erarbeitung von Schulprogrammen lässt uns erkennen – wenn wir es nicht schon vorher wussten –, dass die Schule zu einem Lebensraum mutiert, in dem gelebt und gelernt wird.

Leben aber heißt auch Bewegung und Bewegung und Wahrnehmung sind wiederum Grundlagen des Lernens. Sie sind von entscheidender Bedeutung für die Lebensqualität, die Gesundheit und das Wohlbefinden sowie für die Persönlichkeitsentwicklung von uns allen.

Während nach dem 2. Weltkrieg Kindheit und Jugend noch stark von vielfältiger Bewegung geprägt waren, hat die technische Revolution inzwischen sehr stark in diesen Lebensraum eingegriffen. Die Folgen können wir in erster Linie an unseren

Kindern beobachten: Sie müssen in der Schule ehemals selbstverständliche Fertigkeiten erlernen wie zum Beispiel Klettern, Werfen und Fangen, während sie nicht selten imstande sind uns die Funktion einer Fernseh-Fernbedienung und des Computers so nebenbei zu erklären.

Bewegung aber spielt eine große Rolle in der Entwicklung des Menschen. Wir wissen um die Wechselwirkung von Motorik, Wahrnehmung, Kognition, sozialer und emotionaler Komponenten und nun kommt es darauf an, dieses Wissen in der Praxis umzusetzen. Je früher wir damit beginnen, desto besser.

Nicht nur Ärzte, Therapeuten, Erzieher und Lehrer bemerken die auf Bewegungsmangel beruhende Zunahme von Haltungsschäden, Teilleistungsstörungen, Konzentrationsschwierigkeiten, Sprachauffälligkeiten und Verhaltensproblemen. Auch in Schulämtern und Kultusministerien wird zunehmend erkannt, welche Auswirkungen ein Mangel an Wahrnehmungs- und Bewegungserfahrung auf die kognitive Leistung des Kindes hat. Erst die konkrete Erfahrung des Kindes durch Bewegen und Wahrnehmen ermöglicht spätere logische und kognitive Prozesse. Ebenso setzt das Erlernen der Kulturtechniken (Lesen, Schreiben, Rechnen) ein gut funktionierendes Bewegungs- und Wahrnehmungssystem voraus, das hilft, Lerninhalte aufzunehmen, zu verstehen und umzusetzen.

Bewegung ist das zentrale Mittel zum Gewinnen von Selbst-, Umwelt- und Sozialerfahrungen. Bewegung beeinflusst die Konzentrationsbereitschaft und damit die Lernbereitschaft. Je mehr Kanäle der Wahrnehmung angesprochen werden – und körperliche Wahrnehmung durch Bewegung gehört dazu –, umso besser kann gelernt und gelebt werden.

Bewegter Unterricht und bewegte Schule sind keinesfalls mit ständig offenem Unterrichtsgeschehen oder chaotischen Zuständen zu verwechseln. Bewegter Unterricht kann nur mit ganz klaren Regeln und Vereinbarungen sowie mit durchgängigen Ritualen Erfolg haben. Die Sicherheiten und Grenzen, die daraus erwachsen, machen es möglich, mit Klassen bewegt zu lernen.

Die bewegte Schule zeigt folgende Schwerpunkte:

- bewegtes und handlungsorientiertes Lernen im Fach- und Klassenunterricht (grobmotorische und feinmotorische Bewegungsanlässe, Mundmotorik/Sprachspiele, Fingerspiele, Lieder, Rollenspiele/Pantomime/Gestik/Mimik; vgl. Foto Seite 18 oben)
- Variationen der Sitz- und Stehgelegenheiten im Klassenzimmer (vgl. Foto Seite 18 unten)
- Angebot einer täglichen Bewegungszeit (vgl. Foto Seite 19 oben)
- Möglichkeit bewegter Pausen (vgl. Foto Seite 19 unten)
- regelmäßiger Sportunterricht
- zusätzliche motopädagogische und edu-kinestetische Förderangebote (vgl. Foto Seite 20)
- neurophysiologische Entwicklungsförderung und Beratung (vgl. Foto Seite 21 oben)
- qualifizierte Lehrerfortbildung (vgl. Foto Seite 21 unten)
- Gestaltung der Klassenräume, der Schule und des Schulgeländes
- bewusste Ernährung

Physikalische Phänomene wie Schwung und Reibung werden im Spiel über die Körpererfahrung erlebt.

Veränderte Sitzmöglichkeiten

Die tägliche Bewegungszeit

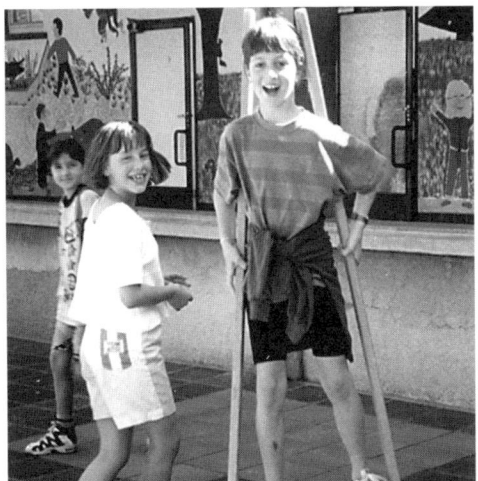

Bewegte Pausen

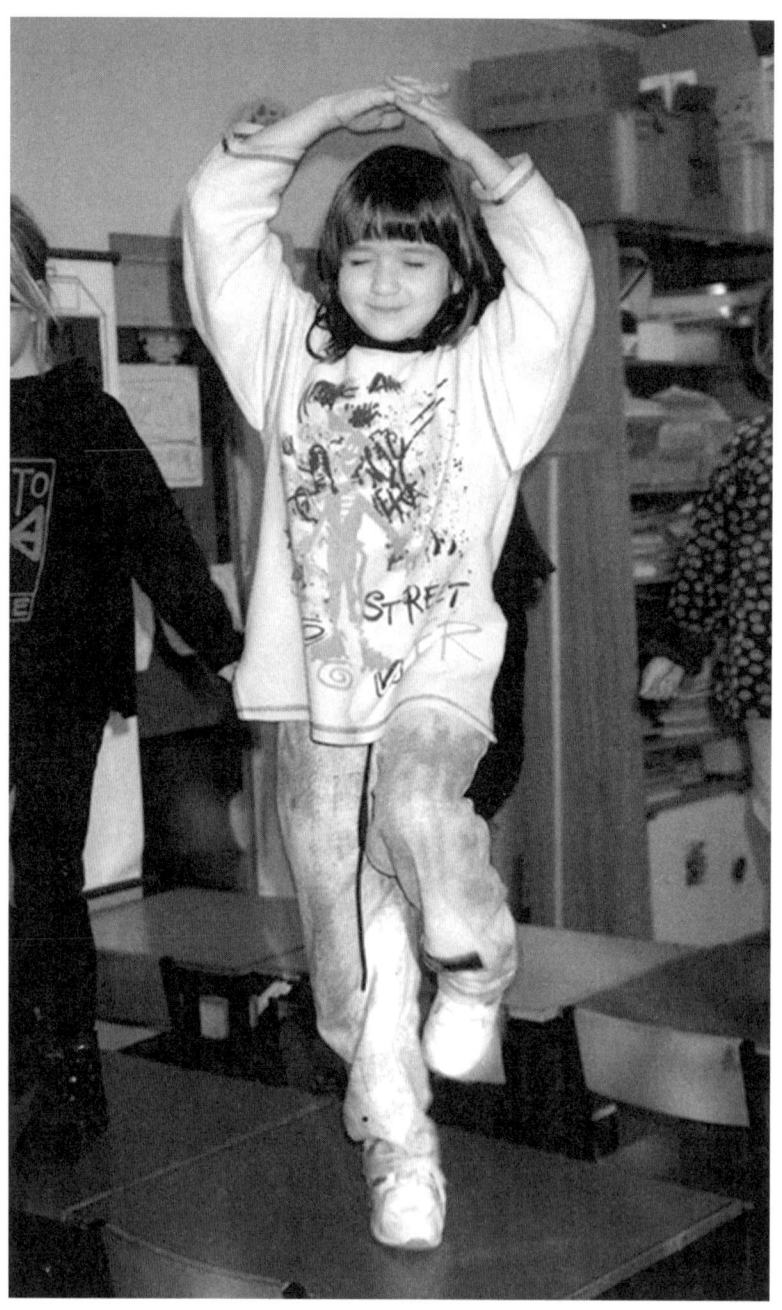

„Der Baum" – Förderung des Gleichgewichts

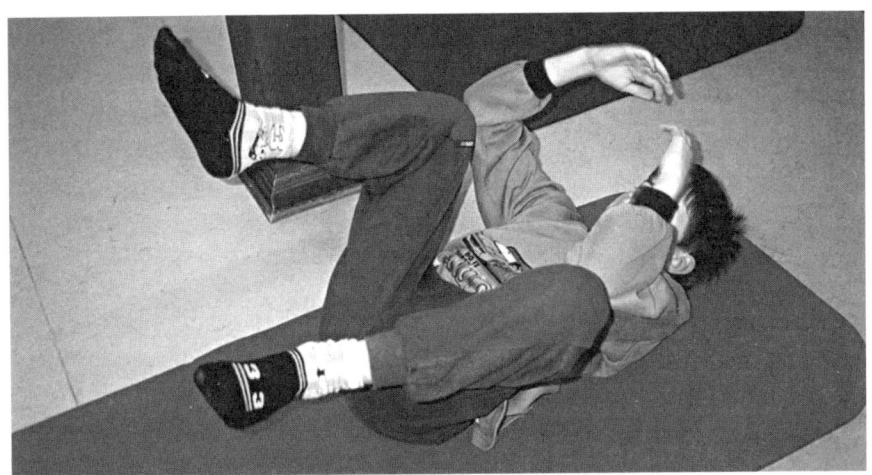

„Seeanemone" – eine Übung aus dem Programm zur neurophysiologischen Entwicklungsförderung

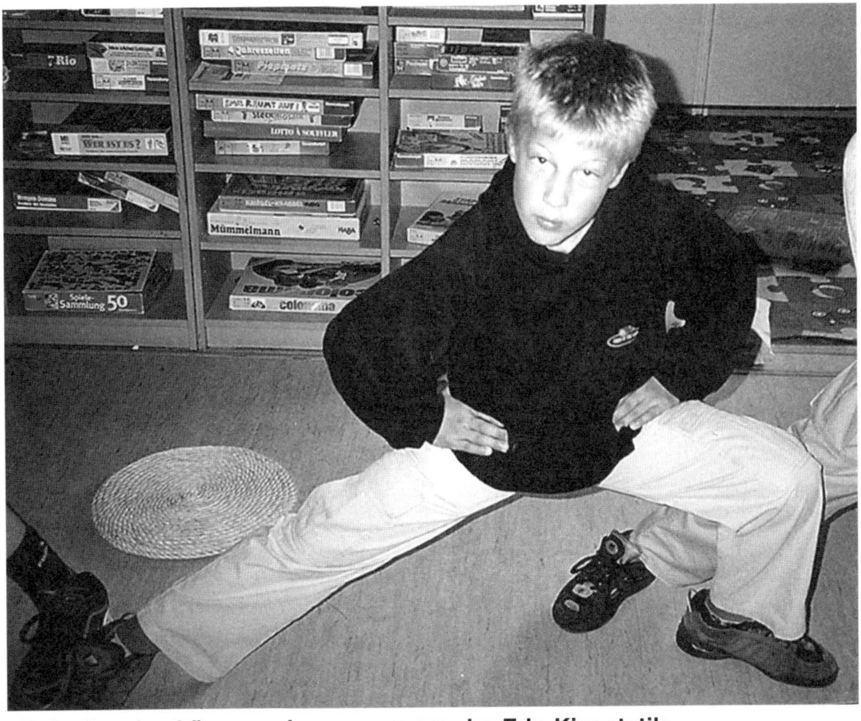

„Erden" – eine Längungsbewegung aus der Edu-Kinestetik

21

Alle Schwerpunkte können, wenn sie alters- und entwicklungsadäquat eingesetzt werden, jede Schulform bereichern, denn der Bewegungsbedarf hat nichts mit Intelligenz zu tun.

Um ein besseres Verständnis des „bewegten Unterrichts" zu vermitteln, möchte ich die Wahrnehmungsbereiche des Menschen, die durch Bewegung aktiviert werden, hier auflisten:

- Tasten und Fühlen (taktiles System)
- Gleichgewichtssinn (vestibuläres System)
- Wahrnehmung von Muskeln, Sehnen und Gelenken (propriozeptives System)
- Sehen (visuelles System)
- Hören (auditives System)
- Schmecken (gustatorisches System)
- Riechen (olfaktorisches System)

Während Sinne wie Seh- und Hörsinn heute zunehmend belastet, ja überbelastet werden, kommt es zu einer zunehmenden Unterbeanspruchung der so genannten Nahsinne: des taktilen, des vestibulären und des propriozeptiven Systems. Eben diese Systeme aber sind wichtige Grundlagen für die Entwicklung unserer Kinder. Sie spielen auch in hohem Alter noch eine große Rolle. Deshalb möchte ich sie im Folgenden näher beschreiben.

Die Nahsinne

Das taktile System

Die Haut ist das flächenmäßig größte und vielfältigste Sinnessystem des Menschen. Sie ist reichlich mit Nervensensoren ausgestattet und entwickelt sich pränatal bereits zwischen der 5. und 14. Woche. Für das Ungeborene ist die Haut ein wichtiges Kommunikationssystem, Berührungsreize spielen eine Schlüsselrolle in der Organisation des Gehirns. Der englische Anthropologe Ashley Montagu bezeichnet die Sprache des Tastsinns als die früheste aller Sprachen.[1] Das taktile System funktioniert bereits, wenn das optische und das akustische System sich zu entwickeln beginnen.

Jean Ayres entdeckte die Beziehung zwischen Berührungssensibilität und Lernschwierigkeiten.[2] Carla Hannaford betont, dass „Berührung ... ein starker Anker für Verhalten und Lernen" ist.[3] Sie untermauert diese Aussage mit den Ergebnissen eines Experiments an kanadischen Grundschulen: Auffällige Kinder erhielten mehrere Male täglich besondere Beachtung, indem sie bei positivem Verhalten leicht berührt und dazu verbal anerkannt wurden. Bei allen Schülern verbesserte sich das Verhalten in den ersten zwei Monaten.

Berührungsempfindungen erreichen durch das Rückenmark die einzelnen Schichten des Hirnstamms und der Großhirnrinde. In jeder der diversen Ebenen entstehen Wahrnehmungsbilder, die Informationen werden an andere Ebenen weitergegeben. Je höher die Ebene, desto detaillierter die Unterscheidung. Nur ein geringer Teil des gesamten Berührungsreizes erreicht das Bewusstsein.

---

[1] Ashley Montagu: *Körperkontakt*, Stuttgart: Klett-Cotta, 9. Aufl. 1997

[2] Carla Hannaford: *Bewegung – das Tor zum Lernen*, Kirchzarten: VAK, 4. Aufl. 2001

[3] Jean Ayres: *Bausteine der kindlichen Entwicklung*, Berlin/Heidelberg: Springer, 3. Aufl. 1998

Gudrun Kesper weist auf typische Auffälligkeiten bei taktilen Wahrnehmungsstörungen hin: etwa Abwehrverhalten, Wutausbrüche, Weinerlichkeit, Panik- und Vermeidungsmuster, Überreaktionen auf akustische Reize, verminderte Sprachproduktion.[4]

Bewegung beugt vor; sie ermöglicht Eigenhautkontakt und hierdurch taktile Stimulation. Bewegungsspiele, Kreisspiele, Partnerspiele, Spiele zum Be-greifen (im wahrsten Sinne des Wortes) und Wahrnehmen unterstützen die Beziehung von Haut- und Zentralnervensystem, sie fördern das Lernen.

Das propriozeptive System

Das propriozeptive System, auch Eigenwahrnehmung oder Tiefensensibilität genannt, ist für die Entwicklung des Menschen von herausragender Bedeutung. Man versteht unter dem Begriff Propriozeption solche sensorischen Informationen, die durch Kontraktion bzw. Streckung von Muskeln sowie durch Dehnen, Ziehen oder Drücken von Gelenken zwischen den Knochen erzeugt werden. Die Informationen werden über das Rückenmark, den Hirnstamm und das Kleinhirn zum Großhirn geleitet; die meisten propriozeptiven Informationen werden unbewusst empfangen und verarbeitet. Das propriozeptive System ist annähernd so weit ausgebreitet wie das taktile System.

Durch die Propriozeption gelingt es uns, schnelle und geschickte Körperbewegungen auszuführen. Bereits mit zwölf Wochen nutzt der Fötus die Möglichkeit sich zu bewegen. Renate Zimmer nennt die Propriozeption „innere Antennen", die dem Gehirn den aktuellen Zustand der Muskeln, Sehnen und Gelenke vermitteln.[5]

Dieses System ist an der Entwicklung des Körperschemas und der Raumorientierung beteiligt. Allgemeine Befindlichkeit, Selbstvertrauen und Selbstbewusstsein, Selbstkontrolle und Kognition bauen darauf auf.

Kinder mit Störungen in diesem Bereich haben oft einen niedrigen Muskeltonus, und in Verbindung mit taktilen Problemen zeigen sie häufig Schwierigkeiten beim Schreiben. Auffällig ist unter anderem auch ihre langsame und ineffektive Arbeitsweise.[6]

Je bewegter der Unterricht, umso besser wird auch das propriozeptive System unterstützt.

---

[4] Gudrun Kesper, Cornelia Hottinger: *Mototherapie bei sensorischen Integrationsstörungen*, München/Basel: Reinhardt, 2. Aufl. 1993

[5] Renate Zimmer: *Handbuch der Sinneswahrnehmung*, Freiburg: Herder, 1999, S. 44

[6] Kesper, Hottinger: a.a.O.

Das vestibuläre System

Das Vestibularorgan ist ein Teil des Innenohrs und wird vom Felsenbein, dem härtesten Schädelteil, umschlossen. Das Vestibularsystem hat wesentlichen Anteil an der Motorik, es registriert und steuert jede Lageveränderung; Koordination, Tonus und Gleichgewichtsreaktionen sind von ihm abhängig. Schon in der 9. Woche beginnt das System zu funktionieren. Ohne Vestibularsystem ist der Mensch nicht lebensfähig. Jean Ayres hält es für das „alles vereinende Bezugssystem".[7]

Zu unserem Gleichgewichtsgefühl tragen auch die Augen bei. „Etwa 20 % der Botschaften von den Augen, von der Retina und den äußeren Augenmuskeln gehen in Bereiche des Gehirns, die für Gleichgewicht zuständig sind. Jedes dieser Subsysteme muss immer wieder mit den anderen Subsystemen Vergleiche und Anpassungen vornehmen, damit ein statisches und dynamisches Gleichgewicht gegenüber der Schwerkraft bestehen bleibt."[8]

Je mehr wir uns bewegen, desto mehr aktivieren wir das Vestibularsystem und desto mehr Informationen aus der Umwelt nehmen wir wahr. Augen und Halsmuskeln spielen dabei eine zentrale Rolle. Unangemessene Haltungsreaktionen, häufiges Stolpern und Hinfallen sowie Ungeschicklichkeiten deuten auf mangelhafte Informationen aus dem Vestibularsystem hin. Zusammenhänge mit dem Wachheitszustand des Gehirns sind bewiesen, Zerstreutheit und Hyperaktivität die Folgen von Störungen. Darüber hinaus können veränderte Raumvorstellungen, mangelndes Selbstvertrauen, Beziehungsprobleme und Angstzustände Symptome sein.

Ein enger Zusammenhang besteht auch zwischen dem Gleichgewichtsorgan und dem Verdauungstrakt. Wenn die Reize nicht angemessen verarbeitet werden, entstehen Pro-

---

[7] Ayres: a.a.O.

[8] H. Hendrickson in Carla Hannaford: a.a.O.

bleme mit der Darm-Blasen-Kontrolle oder – scheinbar weniger schlimm – Übelkeit.

Das Erlernen der Kulturtechniken hängt eng mit der Funktionsfähigkeit des Vestibularsystems zusammen.[9] Typisch für Kinder mit vestibulären Problemen sind oft heftige Reaktionen, wenn sie angestoßen werden, sowie Weinerlichkeit, Angst, „Kaspern", Unruhe im Unterricht. Den Kindern gelingt es kaum, ruhig in einer Reihe zu stehen, und nach der Pause sind sie häufig unruhiger als zuvor. Auffallend ist auch, dass einige im Gehen besser lesen können als im Sitzen.[10]

---

[9] Ayres: a.a.O.
[10] Kesper: a.a.O.

Dorothea Beigel

Unterstützung durch das Schulamt

Konkrete Hilfe vor Ort, im Einzelfall, ist sicherlich sehr gut und viel besser, als nichts zu tun. Doch kann man sich dabei leicht auf „verlorenem Posten" fühlen und den Eindruck gewinnen, dass man an den Verhältnissen *grundsätzlich* nichts ändere. Da tut es gut, wenn man erfährt, dass das Problem auch „höheren Orts" verstanden und an der Lösung auf breiter Basis gearbeitet wird.

In Wetzlar hatten wir das Glück, unsere Bemühungen um die bewegte Schule in die Praxis umsetzen zu können, als diese Form des Lernens noch nicht so bekannt war. Das Staatliche Schulamt unterstützte und förderte die Initiativen und machte sie auf Schulleiter-Dienstversammlungen publik.

Zur gleichen Zeit erkannten zunehmend mehr Lehrerinnen und Lehrer die Notwendigkeit zur Veränderung der Unterrichtsform. Bewegung war erwünscht, handlungsorientierter Unterricht gefragt, außerschulische Lernorte rückten in den Mittelpunkt des Interesses.

Ermutigt durch die Erfolge solcher ersten Ansätze zur Veränderung beschlossen zahlreiche Kollegien, die Pausen für ihre Kinder attraktiver und kindgerechter zu gestalten. Bald wurde entwickelt, gebaut, verschönert, immer vielfältigere Spielgeräte wurden angeschafft.

Die tägliche Bewegungszeit griff um sich; immer mehr Klassen waren nun in der Lage ihre Spannungen und ihre Ermüdung durch Bewegungsspiele ohne Leistungsdruck und – vor allem – mit Bewegung abzubauen.

In die Angebote der Lehrerfortbildung zogen die drei Lernfelder „Körpererfahrung", „Materialerfahrung" und „Sozialerfahrung" ein; Praxismappen für den Einsatz im Klassenzimmer, in der

Turnhalle, auf dem Schulhof und in der Natur entstanden und wurden weitergegeben.

1992/93 entstand mit der Unterstützung des Staatlichen Schulamts die erste Eltern-Kind-Gruppe auf der Grundlage der sensorisch-integrativen Motopädagogik. Diese Gruppe wurde vorwiegend von Kindern im Alter von sechs bis zwölf Jahren besucht, die starke sensorische Auffälligkeiten zeigten. Regelmäßig einmal wöchentlich kamen die Eltern mit ihren Kindern zur Bewegungsstunde. Gemeinsam erlebte man intensiv Spiele zur Unterstützung der taktil-kinästhetischen und der vestibulären Fähigkeiten; den Abschluss bildete eine Ganzkörpermassage der Eltern an ihren Kindern, ehe die Kinder ihre Eltern spielerisch massierten. Die Eltern erhielten die Hausaufgabe ihre Kinder täglich zu massieren; dies war zugleich Bedingung dafür, dass sie weiter an den Stunden teilnehmen konnten.

1995 wurde der Arbeitsbereich Motopädagogik als ein Baustein in das Projekt „Schule ohne Gewalt" einbezogen, da man erkannte, dass die Motopädagogik dazu beitrug, das Selbstwertgefühl und die soziale Kompetenz der Kinder deutlich zu stärken. (Dieses Projekt war ein dreijähriger, von Bund und Land finanzierter Modellversuch, der vom Schulamt in der Stadt Wetzlar und im Lahn-Dill-Kreis durchgeführt wurde und auch heute noch weitergeführt wird.) Im selben Jahr gewann die Ludwig-Erk-Schule, eine Grundschule in Wetzlar, den bundesweiten Wettbewerb „Sicherheit und Bewegung" des Bundesverbandes der Unfallversicherungsträger der öffentlichen Hand (BAGUV), und zwar mit der Dokumentation ihres ganzheitlichen Bewegungsansatzes zur Unterstützung des Lernens.

1998 entstand im Zusammenwirken von Staatlichem Schulamt, Hessischem Landesinstitut für Pädagogik (HeLP) und Akademie für Motopädagogik und Mototherapie ein Lehrerfortbildungskonzept, mit dem die Zusatzqualifikation Motopädagogik erworben werden kann.

Hierdurch waren wir ab Herbst 2000 in der Lage, weitere 50 qualifizierte Kolleginnen und Kollegen für die Arbeit vor Ort zu gewinnen; sie sind Multiplikatoren im Einzugsbereich ihres Staatlichen Schulamtes und stehen den Schulen als Ansprechpartner und Berater zur Verfügung.

Im Schuljahr 2000-2001 wurde im Bereich des Staatlichen Schulamts Wetzlar an 20 Schulen mit 25 Gruppen gearbeitet. Diese Gruppen, die von Mädchen und Jungen im Grundschulalter besucht werden, umfassen sechs bis zehn Kinder. Das Programm ihrer nachmittäglichen Förderstunden wird durch eine Mädchengruppe und eine Eltern-Kind-Gruppe ergänzt.

Die Teilnahme an den Stunden erfolgt nach der Meldung durch die Klassenlehrer und der schriftlichen Einverständniserklärung der Eltern. Kinder, die zur Diagnostik im Schulamt vorgestellt werden, können auf Empfehlung zu den Gruppen stoßen. In der Regel nehmen die Kinder mindestens ein Jahr lang an den Fördermaßnahmen teil. Die regelmäßige Teilnahme ist Voraussetzung für die Fortführung der Förderung.

Seit 1997 sind zu den motopädagogischen auch kinesiologische Elemente hinzugefügt worden, denn diese Übungen eignen sich sehr gut dazu, Lerninhalte besser zu verstehen und vertiefen zu lassen. Als Hilfe für das Erlernen der Kulturtechniken und bei Schwierigkeiten in der Konzentration wissen wir die Edu-Kinestetik-Übungen sehr zu schätzen. 1998 sind vier Nachmittagsgruppen von Kindern und Jugendlichen im Alter zwischen acht und achtzehn Jahren gebildet worden, die sehr erfolgreich damit arbeiten. Dieser Erfolg wird am ehesten daran deutlich, dass schulische Verbesserungen auftreten und die Teilnehmer immer wieder zur Stunde kommen möchten, auch wenn sie längst schon „fertig" sind.

Im Schuljahr 2000–2001 bot das Staatliche Schulamt die im Folgenden beschriebenen Fördermöglichkeiten an.

1. Motopädagogische Bewegungsgruppen

Körpererfahrung, Materialerfahrung und Sozialerfahrung stehen im Mittelpunkt dieser spielerischen Bewegungsstunden, die vorwiegend im Grundschulbereich stattfinden. (Vgl. Fotos Seite 32–33) Die Gruppengröße beträgt 6 bis 9 Kinder, Jungen und Mädchen sind hier gemischt. Altersadäquat werden einmal wöchentlich Turnhallen, Schwimmbäder oder ganz einfach die Natur aufgesucht und Erfahrungen in den eingangs genannten Bereichen gesammelt. Bei einigen Gruppen kommen ein- bis dreimal im Jahr die Eltern auf Einladung hinzu.

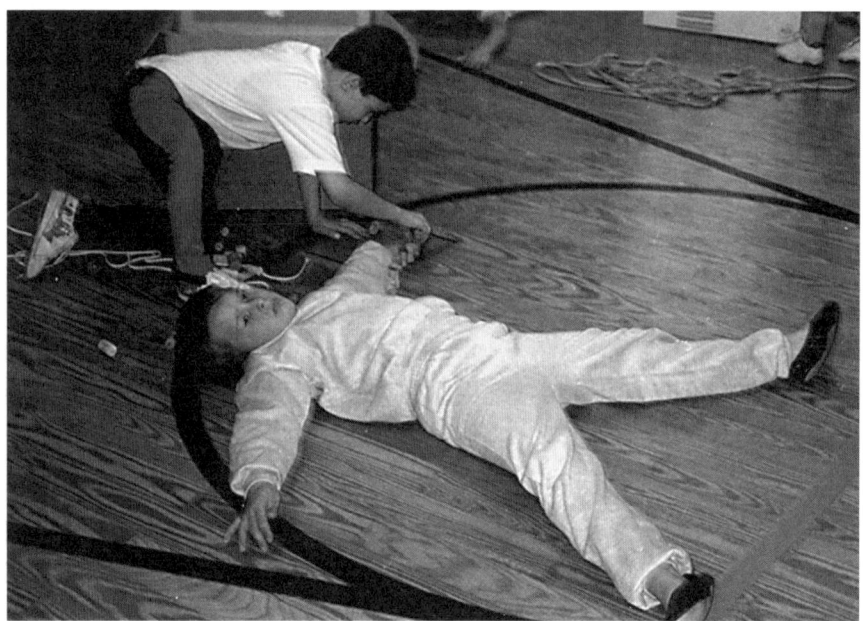

Körpererfahrung

Materialerfahrung

Sozialerfahrung

33

2. Eltern-Kind-Gruppe zur sensorisch-integrativen Förderung

Einmal wöchentlich kommen Eltern mit ihren Kindern regelmäßig zusammen, um sich nach einem weitgehend festen und angeleiteten Programm zu bewegen. Die täglichen Ganzkörpermassagen der Kinder werden von den Eltern durchgeführt. Die Verweildauer in dieser Gruppe beträgt 9 bis 12 Monate, danach wechseln einige Kinder in eine Motopädagogik- oder Edu-Kinestetik-Gruppe.

3. Bewegungsangebot mit motopädagogischen und edu-kinestetischen Schwerpunkten

Die Kinder und Jugendlichen finden sich einmal wöchentlich im Schulamt ein, um spezielle Übungen zur Förderung der aktiven Zusammenarbeit der beiden Gehirnhemisphären, zum Entspannen und Aktivieren der Augenmuskulatur und zum Abbauen von Angst zu machen. Ihrem Alter entsprechend wird die Stunde eher spielerisch auf motopädagogischer Grundlage oder mit übendem und dennoch Freude bereitendem Charakter durchgeführt. Neben den jüngeren gemischten Gruppen gibt es eine reine Mädchengruppe und eine solche für ältere Schüler. (Vgl. Foto Seite 35) Alle Kinder und Jugendlichen, die an diesem Programm teilnehmen, absolvieren ebenfalls ein tägliches häusliches Übungsprogramm von zirka 5 Minuten Dauer. Die Eltern nehmen im Rhythmus von 4 bis 6 Wochen an den Stunden teil, um die Übungen ihrer Kinder kennen zu lernen, zu verstehen und unterstützen zu können. Diese Fördergruppen werden 6 bis 8 Monate lang besucht; regelmäßige Teilnahme und Durchführung der häuslichen Übungen sichern den Platz in der Gruppe.

Die *Wadenpumpe* – eine Übung aus dem edu-kinestetischen Förderprogramm

4. Häusliches Übungsprogramm zur Integration von Restreaktionen frühkindlicher Reflexe

Für jedes einzelne Kind wird auf Grundlage der vorherigen Diagnostik ein individuelles Bewegungsprogramm zusammengestellt, wenn Restreaktionen primitiver frühkindlicher Reflexe noch wirken und das Kind dadurch in seiner neurophysiologischen Ausstattung nicht in der Lage ist, trotz guter bis sehr guter Intelligenz den schulischen Anforderungen zu genügen. Damit soll der Teufelskreis durchbrochen werden, der über Konzentrationsprobleme zu Schulversagen und daraus folgender Frustration und Aggression führen kann. Es wird ein Übungsprogramm erstellt, das primitive Reflexe in einem zweiten Anlauf integriert und dadurch den Halte- und Stellreflexen die Möglichkeit bietet, sich vollständig herauszubilden. (Vgl. Foto Seite 37) Mit der Veränderung der Reflexstruktur geht eine Verbesserung der Lern-, Verhaltens- und Bewegungsprobleme einher. Die Eltern werden detailliert in das Programm eingewiesen. Regelmäßig alle 4 bis 6 Wochen stellen sie das Kind im Schulamt vor. Dazwischen führen sie mit ihrem Kind täglich zirka 3 Minuten lang das Bewegungsprogramm durch. In der soll das Programm ein Jahr lang durchgeführt werden. Danach hat das Kind die Möglichkeit eine der vorher genannten Gruppen zu besuchen.

Alle Förderangebote des Staatlichen Schulamts stehen – unabhängig von der Schulform – generell allen Schülerinnen und Schülern des Lahn-Dill-Kreises und des Landkreises Limburg-Weilburg zur Verfügung. Waren es anfänglich vorwiegend Grundschulkinder, die an den Angeboten teilnahmen, so ist heute ein erstaunlicher Anstieg von Schülern und Schülerinnen aus dem Bereich der Gesamtschule, der Realschule und des Gymnasiums zu erkennen. Lernhilfeschüler oder Schüler aus dem Bereich der Berufschulen sind eher selten darunter. Sämtliche Angebote sind kostenlos.

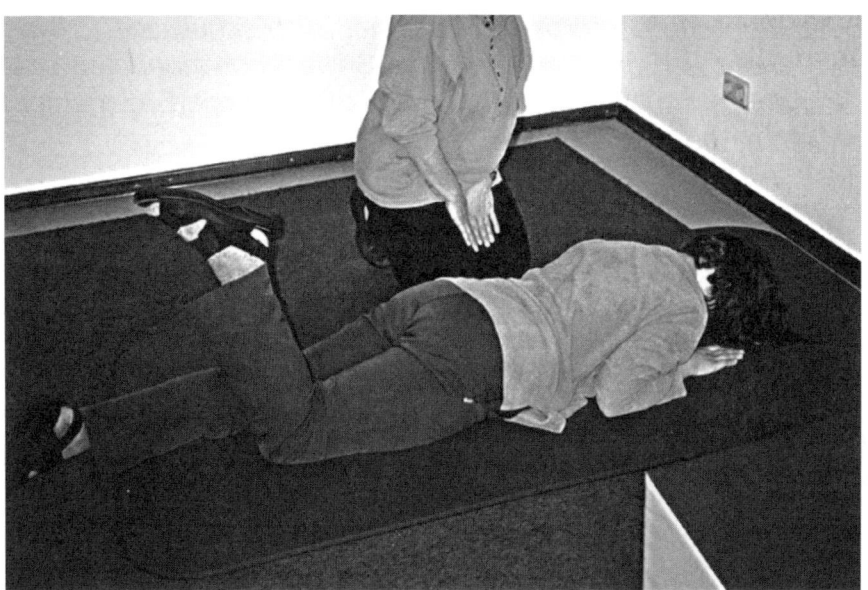
Übung aus dem Bewegungsprogramm zur Unterdrückung frühkindlicher
Reflexe

Es wird darauf geachtet, dem einzelnen Kind das Förderangebot zu machen, das seinen Bedürfnissen am ehesten gerecht wird. Die Eltern sind stark in den Prozess der Unterstützung mit einbezogen.

Die Kolleginnen und Kollegen in den Schulen werden über Vorhaben informiert und auf Wunsch der Eltern oder der Förderlehrer mit in die Maßnahmen einbezogen, sodass ein gegenseitiger Austausch entsteht.

Der Schulpsychologische Dienst, das Zentrum für Erziehungshilfe, die Motopädagogik / Neurophysiologische Entwicklungsdiagnostik, die Jugendämter, Kinder- und Jugendärzte, Therapeuten und Beratungsstellen bilden ein Netzwerk zum Wohl der auf Hilfe angewiesenen Kinder und Jugendlichen. Die vertrauensvolle Kooperation ist eine bedeutende Voraussetzung der Arbeit.

Erstaunliche persönliche und damit auch schulische Erfolge der Kinder und die Freude an den Bewegungsangeboten sind Gründe genug, auf dem begonnenen Weg mit Engagement weiterzuarbeiten.

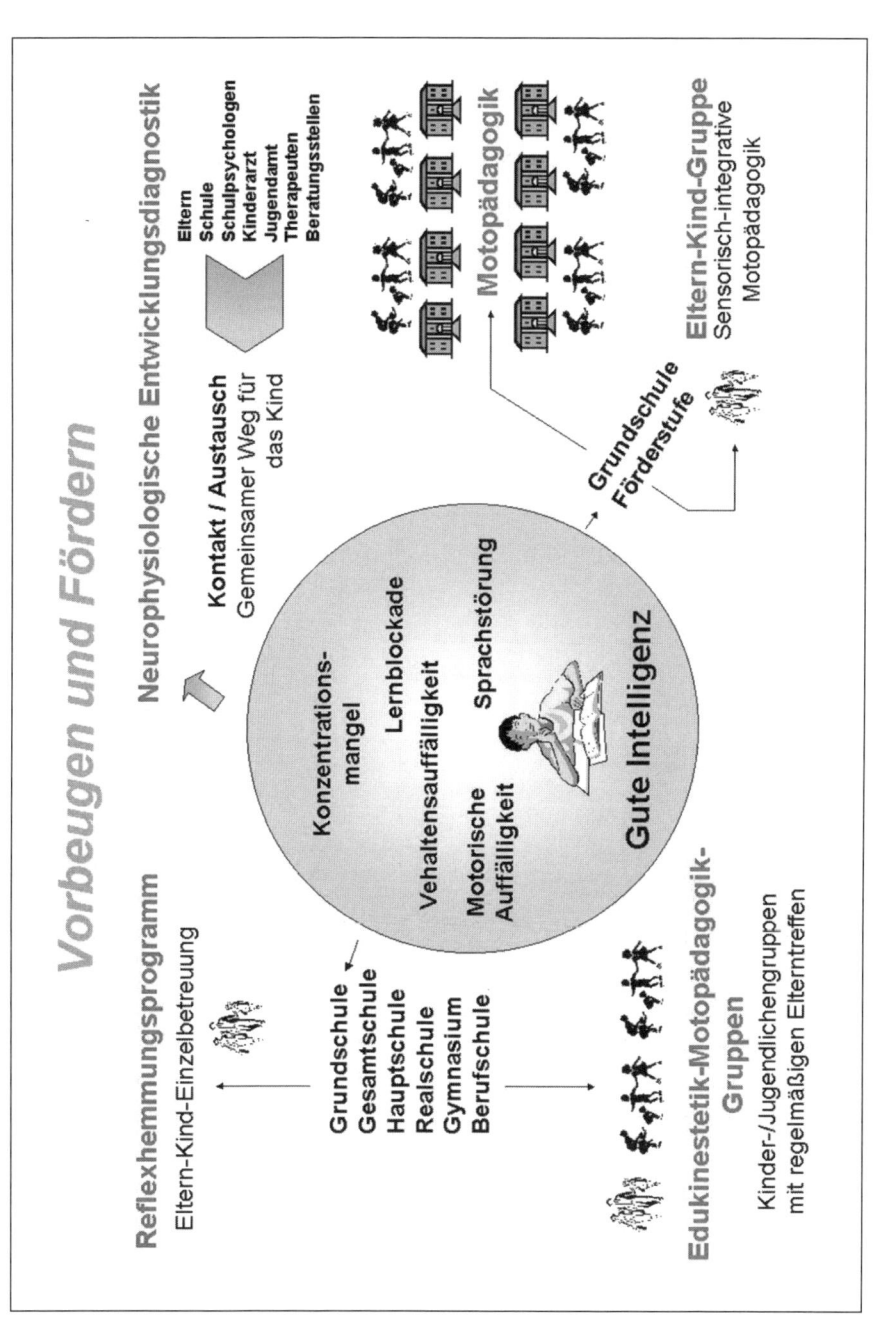

Grafik 1: Angebote zum Vorbeugen und Fördern

Dorothea Beigel

Das Projekt „Leichter lernen durch Bewegen"

In dem Projekt „Leichter lernen durch Bewegen" arbeiteten die Universität Gießen (Fachbereich Erziehungswissenschaften), das Staatliche Schulamt für den Lahn-Dill-Kreis und den Landkreis Limburg-Weilburg sowie das Hessische Landesinstitut für Lehrerfortbildung/Mittelhessen (Bereich Prävention, Gesundheit und Sport) zusammen. (Zur Erklärung: Das „Staatliche Schulamt für den Lahn-Dill-Kreis und den Landkreis Limburg-Weilburg" wurde im Zuge von Reformen aus ursprünglich zwei Schulämtern gebildet. Zurzeit ist sein Sitz in Wetzlar.) Der erste Teil fand in der Zeit von Oktober bis Dezember 1998 täglich in einer Wetzlarer Grundschule statt. (Untersuchungszeitraum I) Ein zweiter Teil des Projekts – anfangs nicht geplant – schloss sich in der Zeit von Januar bis März 1999 an. (Untersuchungszeitraum II)

Teilnehmerinnen und Teilnehmer waren Mädchen und Jungen der 2. Klasse, von denen die schriftliche Erlaubnis ihrer Eltern vorlag.

Die Universität Gießen unterstützte das Projekt durch die Mitarbeit von Studenten. Das Staatliche Schulamt für den Lahn-Dill-Kreis und den Landkreis Limburg-Weilburg war ebenso wie das Hessische Landesinstitut für Lehrerfortbildung durch die tägliche Mitarbeit von Pädagoginnen vertreten.

Von Seiten der Grundschule arbeiteten Kolleginnen in ihrer Eigenschaft als Klassenlehrerinnen mit. Sie führten für jedes teilnehmende Kind ihrer Klasse ein Tagesprotokoll. Ihr Verständnis für Zeitüberschreitungen an „Lesetagen" (einmal pro Woche) half uns bei der Arbeit. Die Schulleitung unterstützte uns in allen Belangen der Räumlichkeiten oder sonstigen organisatorischen Fragen.

Projektplanung

Untersuchungszeitraum I

Entstanden ist das Projekt „Leichter lernen durch Bewegen" aus Neugier, aus Vermutungen und aus jahrelangen Praxiserfahrungen mit Kindern im Grundschulalter bezüglich positiver Zusammenhänge zwischen Lernen und täglicher Bewegung. Kernfrage des Projekts war, ob gezielte Bewegungsübungen aus der Edu-Kinestetik Kinder beim *Leselernprozess* unterstützen können.

Aus der praktischen Erfahrung kam die Annahme, dass gerade edu-kinestetische Bewegungsübungen den Leselernprozess unterstützen und fördern. Inwieweit messbare Fortschritte beim Leselernprozess erzielt werden können, sollte in einem achtwöchigen Projekt festgestellt werden. Dazu wurden drei Gruppen gebildet:

Neben der Untersuchungsgruppe (Edu-Kinestetik) wurde mit zwei Kontrollgruppen gearbeitet. Kontrollgruppe 1 hatte inhaltlich – wie die Edu-Kinestetik-Gruppe – den Bewegungsaspekt als Schwerpunkt. Es war uns wichtig zu erkennen, ob die bestimmten Übungen der Edu-Kinestetik zur eventuellen Verbesserung von Leistungen führen oder ob die Bewegungsmöglichkeit als solche den Ausschlag gibt.

Kontrollgruppe 2 stellte die lustvolle Spielatmosphäre, wie sie zusätzlich auch in der Edu-Kinestetik-Gruppe vermittelt wurde, in den Mittelpunkt.

Alle drei Gruppen bekamen gleichermaßen Zuwendung durch den anwesenden Erwachsenen.

Die Universität Gießen schrieb das Projekt für Studierende zum Wintersemester 1998/99 aus. Den sich meldenden Studentinnen und Studenten wurden ihre Aufgaben, nämlich mit Kindern in regelmäßigen Abständen Lese- und Schreibproben zu machen, vorgestellt. Sie wurden eingewiesen, die Eintragung nach Inhaltsverständnis der Lesetexte, Zeit und Fehlerzahl zu tätigen sowie Schriftproben nach Zeit, Fehlerzahl, Veränderungen der Schrift auszuwerten. Beobachtungen der Körper- und Stifthaltung bei den Schreibproben wurden zusätzlich vermerkt.

Pädagogische Mitarbeiterinnen aus dem Bereich Praxis waren drei Grundschullehrerinnen, eine Referendarin und je eine Erzieherin aus der Stadt Wetzlar und dem Lahn-Dill-Kreis. Alle Mitarbeiterinnen waren seit vielen Jahren pädagogisch tätig und die gezielten Bewegungsübungen aus der Edu-Kinestetik waren ihnen in Theorie und Praxis bekannt.

> **Zentrale Frage des Projekts war, ob es möglich ist, signifikante Verbesserungen im Bereich des Lesens (Lesen mit Schwerpunkt „Verstehen des Inhalts") durch bestimmte Bewegungsübungen der Edu-Kinestetik zu erreichen.**

Die Mitarbeiterinnen entwickelten in Abstimmung mit der Universität Gießen in Vorgesprächen Inhalte, Auflistungen und Fragestellungen für die Frage- und Kontrollbögen. Um möglichst umfassende Aussagen über die Leseleistung der Kinder zu bekommen, erstellten wir verschiedene Untersuchungsinstrumente:

- Fragebögen zu den Lese- und Schriftproben mit Auswertungskriterien für die Studentinnen und Studenten,
- Protokollbögen für die Klassen- und Fachlehrerinnen der Kinder (Tages- und Wochenprotokoll-Fragebögen),
- Fragebögen und Tagebuchformulare für die Eltern der Kinder

Die Fragestellungen gingen bei den Fragebögen für Eltern und Lehrerinnen über direkte Fragen zum Bereich des Lesens und Schreibens hinaus, sie betrafen hier auch andere schulische Fertigkeiten: das allgemeine Arbeitsverhalten, das Selbstwertgefühl des Kindes, das Selbstvertrauen, das emotionale und soziale Verhalten. Leseleistungen können nicht isoliert als rein kognitive Leistungen des Menschen gesehen werden, deshalb sollten eventuelle Wechselwirkungen mit anderen Bereichen festgehalten werden.

Bei der Auswahl der Schule war es uns wichtig eine Grundschule zu finden, die sich dem Projekt gegenüber offen und kooperativ zeigte und außerdem für alle Mitwirkenden verkehrsgünstig erreichbar war.

Die gewählte Schule bot den Vorteil, dass sie dreizügig war und die Kinder der 2. Klasse noch keine Förderung in dieser speziellen Form erhalten hatten. Für die Durchführung des Projekts wurden Kinder der 2. Grundschulklasse gewählt, da die Kinder dieser Jahrgangsstufe bereits alle Buchstaben kennen und der Leselernprozess gut zu verfolgen ist.

Nach Informationsgesprächen mit der Schulleitung und den Klassenlehrerinnen wurden von den Lehrerinnen, in Absprache mit den Eltern, aus jeder der drei 2. Klassen je sechs Kinder benannt, die Schwierigkeiten oder Verzögerungen beim Lesen zeigten. Die Gesamtgruppe setzte sich aus zwölf Jungen und sechs Mädchen zusammen. Den Mitarbeiterinnen und Mitarbeitern waren die Kinder nicht bekannt. Die Kinder wurden per Losverfahren in folgende Gruppen eingeteilt:

- die „rote" Gruppe (Edu-Kinestetik = Untersuchungsgruppe)
- die „grüne" Gruppe (freie Bewegung = Kontrollgruppe 1)
- die „blaue" Gruppe (Tisch- und Konstruktionsspiele = Kontrollgruppe 2)

Wir wählten Farbnamen, um eine wertfreie Bezeichnung der Gruppen zu garantieren. Außerdem achteten wir darauf, dass in jeder der drei Gruppen auch Mädchen waren. Alle Kinder der drei Gruppen kamen täglich (Montag bis Freitag) in der Zeit von 7.45 Uhr bis 8.00 Uhr, also vor dem regulären Unterricht, zu dem Förderangebot.

Die zeitliche Begrenzung auf 15 Minuten für das tägliche Programm war bewusst gewählt worden: Sollte eines oder

44

sollten mehrere der Programme Erfolge zeigen, so musste eine direkte Umsetzung im täglichen Unterricht auch zeitlich möglich sein. Deshalb war es bei der Planung und der Durchführung von Bedeutung, den zeitlichen Rahmen von 15 Minuten nicht zu überschreiten. Unrealistische Zeiten für Bewegungsangebote während des Schulvormittags einzusetzen, das sollte in unserem Projekt vermieden werden.

Wir gestalteten die Angebote zeitlich und inhaltlich praxisnah und schulorganisatorisch umsetzbar; das betraf auch die räumlichen Möglichkeiten und Begrenzungen einer Schule.

1. Die rote Gruppe arbeitete inhaltlich durchgehend mit speziellen Bewegungsübungen aus der Edu-Kinestetik.

Die Edu-Kinestetik beruht auf klinischer Forschung von Dr. Paul Dennison. Er war ein Pionier der angewandten Gehirnforschung und stets als Pädagoge tätig. Seinen Doktortitel erhielt er für seine Forschungsarbeiten über die Beziehung der verborgenen Sprache und des Erwerbs der Lesefähigkeit. 1975 erhielt er für besonders herausragende Forschungen eine Auszeichnung der Universität von Südkalifornien. Sein Ansatz der Berücksichtigung der körperlichen Fähigkeiten in der Erziehung ist wesentliche Grundlage der Edu-Kinestetik. Edu-Kinestetik beinhaltet im Wesentlichen das Studium der Auswirkungen von Bewegung auf das Lernen und Denken. Sie hat Berührungspunkte zu den Ansätzen von Feldenkrais, Laban, Alexander und anderen. Herzstück der Edu-Kinestetik sind die 26 *Brain-Gym*®-Übungen (oft auch als „Gehirngymnastik" bezeichnet). Dennison entwickelte und erprobte sie als Leiter einer Gruppe von heilpädagogischen Einrichtungen in Kalifornien, der *Valley Remedial Group Learning Centers,* um Menschen zu helfen, Lernschwierigkeiten erfolgreich zu überwinden. Einfache Bewegungsübungen und Aktivitäten werden dabei eingesetzt, um Lernblockaden aufzulösen und Stress zu reduzieren. Die Edu-Kinestetik-Übungen stehen nicht in Konkurrenz zu anderen Lernmethoden, sondern werden ergänzend eingesetzt, um Lernen zu erleichtern. (Vgl. Foto unten) Die körperlichen Voraussetzungen für das Lernen, wie etwa die Auge-Hand-Koordination, beidäugiges Sehen und anderes werden dabei besonders gefördert. Carla Hannaford, eine amerikanische Neurophysiologin und Pädagogin, arbeitet ebenfalls mit Edu-Kinestetik und betont in ihrem Buch *Bewegung – das Tor zum Lernen*, dass jedes Ausführen gezielter Bewegungen das Gehirn aktiviert und integriert und damit Wege zum Lernen öffnet.[11]

Spezielle Bewegungsübungen aus der Edu-Kinestetik

---

[11] Carla Hannaford, 1996, S. 116

2. Die grüne Gruppe, deren Schwerpunkt ebenfalls die Bewegung war, arbeitete mit freien sportlichen Bewegungsangeboten.

Ausgehend von dem Wissen, wie wichtig Bewegung als Grundlage für das Lernen ist, wurde in dieser Gruppe das Angebot zu *freiem* Bewegen (im Gegensatz zu den vorgegebenen Bewegungsübungen der Edu-Kinestetik) in den Mittelpunkt gestellt. Um zu erkennen, ob das selbstbestimmte, bedürfnisorientierte Bewegen intensivere Auswirkungen speziell auf das Lesen zeigte, wählten wir diesen Inhalt. Wenn Schwierigkeiten im Bereich der Sprache, des Lesens und des Verhaltens auftreten, weil das Gehirn nicht richtig arbeitet, ist es unabdingbar, zunächst die elementaren Voraussetzungen zu schaffen, auf denen das Gehirn mit einer besseren Arbeit

Bewegung – wichtig für das Lernen!

47

aufbauen kann. Ganzkörperbewegungen und damit verbundene Sinneswahrnehmungen und ihre Verarbeitung bauen nach Ayres diese Grundelemente für Gehirnprozesse auf, die unter anderem auch Voraussetzungen für das Lesen sind. Außerdem liefern Ganzkörperbewegungen auch die Grundlagen für Hand- und Fingerbewegungen, wie sie beim Schreiben benötigt werden. Neben Jean Ayres betonen Howard Gardner, Carla Hannaford, Rudolf Steiner, Maria Montessori, Moshe Feldenkrais, Glenn Doman, Neil Kephardt, Ernst J. Kiphard und viele andere in ihren Veröffentlichungen die Bedeutung von Bewegung für den Lernprozess.[12] (Vgl. Foto Seite 47**)**

3. Die blaue Gruppe hatte Tisch- und Konstruktions- spiele zur Verfügung.

Auch in der blauen Gruppe wurde mit Bewegung gearbeitet, das Materialangebot bezog sich hier allerdings vor allem auf den feinmotorischen Bereich. Der spielerische Aspekt stand, wie bei den beiden vorher genannten Gruppen, ebenfalls im Mittelpunkt. Das Spiel fördert die Kreativität und bietet Hilfe bei der Entwicklung der Arbeitshaltung. Ohne intensives Spielen kann sich das Kind (nach J. Ayres) nicht das Ausmaß an Sinneswahrnehmung verschaffen, welches für die Entwicklung des Gehirns notwendig ist. Das Spielmaterial für die blaue Gruppe wurde so ausgesucht, dass sowohl Rollenspiele, die für die emotionale und kognitive Entwicklung des Kindes von größter Bedeutung sind, als auch Regelspiele, die das Element des Wettbewerbs und des Partnerspiels beinhalten, und Konstruktionsspiele, die vorgefassten Plan, Durchführung des Plans und Erkennbarkeit des Produkts beinhalten, möglich waren. Heckhausen, Roelofsen, Bühler, Eibl-Eibelsfeld und Schenk-Danzinger weisen auf die Bedeutung des Spiels und seine Auswirkungen auf die kindliche Entwicklung hin. Hand- und Fingergeschick stellt neben dem Sprechen die höchste

---

[12] vgl. Jean Ayres: 1998

menschliche Bewegungsleistung dar. Kant nannte die Hand „das äußere Gehirn des Menschen". Die „Haptokinetik", die Zusammenarbeit der über den Tastsinn gewonnenen Informationen mit kinästhetischer Wahrnehmung, die durch das motorische Handeln mit Gegenständen zustande kommt, bildet nach Radigk die Grundlage menschlicher Intelligenz.

Die inhaltlichen Angebote für die drei Gruppen im Hinblick auf Förderung des Leselernprozesses waren genau überlegt. Die Annahme, dass die Edu-Kinestetik-Übungen im Leselernprozess signifikante Verbesserungen bringen, sollte mithilfe der zwei Kontrollgruppen, die ebenfalls wichtige Elemente von Förderung erfuhren, überprüft werden. Basierte die Wirksamkeit der Edu-Kinestetik-Übungen vielleicht nur auf dem lustvollen Charakter, den das Bewegen als solches für Kinder hat? Der Vergleich mit Kontrollgruppe 1 (grüne Gruppe – freies Bewegen) sollte uns darüber Aufschluss geben. Oder ist es besonders der spielerische Aspekt der Edu-Kinestetik-Übungen, der ursächlich ist für die Verbesserung von Leistungen? Hierzu sollte der Vergleich mit Kontrollgruppe 2 (blaue Gruppe – Tisch- und Konstruktionsspiele) zu Erkenntnissen führen.

Allen drei Gruppen kam die regelmäßige morgendliche Betreuung durch Mitarbeiterinnen zugute. Kindgemäße Atmosphäre, Geborgenheit, Freude und Spaß waren Basis der Arbeit mit den Kindern aller drei Gruppen. Rahmenbedingungen wie Zuwendung, begrenzter Zeitrahmen und pädagogisch sinnvolle Aktivität waren in allen Gruppen gleichermaßen gegeben. Unterschiede bestanden in den Inhalten und deren Anwendung.

Die Eltern wurden vor Beginn des Projekts zu einem ersten Elternabend eingeladen, an dem außer den Klassenlehrerinnen die Projektmitarbeiterinnen und ein Vertreter der Universität Gießen anwesend waren. Die Eltern wurden darauf vorbereitet, dass es nach anfänglicher Euphorie bei dem einen oder anderen Kind zu Ermüdungserscheinungen kommen könne, wenn es jeden Morgen – auch im Winter bei Kälte und

Dunkelheit – früher als die Schulkameraden zur Schule gehen musste. Sie wurden gebeten, auf Regelmäßigkeit der Teilnahme zu achten.

Projektdurchführung

Rote Gruppe (Untersuchungsgruppe)

Inhaltlich begann die rote Gruppe in den ersten zwei Wochen, Bewegungsübungen aus der Edu-Kinestetik in spielerischer Art *vorzubereiten*. Um die Frustration des Nichtkönnens bei den Übungen zu vermeiden, setzten wir spielerisch und lustvoll, ohne Reglementierung, Bewegungen zum Spüren und Verbessern des Körpergleichgewichts und zum Entwickeln von Freude an der Bewegung des Körpers ein. Gerade für diejenigen Kinder, die Übungen aus dem Brain-Gym®-Programm[13] am nötigsten brauchten, waren diese noch zu schwierig. Die Kinder dieser Gruppe machten vorwiegend Bewegungsübungen und erlebten Bewegungsspiele, die in Zusammenhang mit der motorischen Entwicklung in den ersten eineinhalb Lebensjahren[14] standen. Meist unterstützt durch Musik wurde gerollt, gerobbt, gekrochen, „geschwommen", gekrabbelt, dirigiert, Karussell gespielt, gehüpft, getanzt, wurden Tiere nachgemacht, wurde Schnee mit dem Kopf „weggeschippt", wurde mit den Augen, dem Mund und den Ohren „geturnt". Bewegungsgeschichten wurden erlebt. Atemübungen und Brain-Gym®-Übungen zur Entspannung wurden vorbereitet. Wichtig war neben der Freude an der Bewegung das Erproben des eigenen Könnens. Der spielerische, variationsreiche Aufbau der Übungen war uns wichtig, damit die Übungen nicht eintönig wurden.

Nach zwei Wochen gelang es allen Kindern dieser Gruppe – jedem in seinem Tempo und seiner Entwicklung gemäß – sowohl Überkreuzbewegungen als auch homolaterale (gleichseitige) Bewegungen[15] in allen möglichen Variationen auszuführen (vorwärts, rückwärts, seitwärts; stehend, liegend, mit

---

[13] Dennison und Dennison: 1998
[14] Zimmer: 1996; Zukunft-Huber: 1998; Kiphard: 1991; Pauli & Kisch: 1992
[15] Buchner: 1997, S. 55–59

51

offenen, mit geschlossenen Augen). Die Kinder konnten sich in verschiedenen Geschwindigkeiten bewegen – Zeitlupenbewegungen, die besonders schwierig sind, waren möglich. (Vgl. Fotos auf den Seiten 53–54) Nun wurde das Programm so erweitert, dass die Kinder täglich zusätzlich zu den ihnen bekannten Übungen die einzelnen Bewegungsschritte der „Lateralitätsbahnung" nach Dennison[16] mitmachen konnten. Die Überkreuzbewegungen, die zur motorischen Anregung der Zusammenarbeit der beiden Gehirnhälften dienen, sind Grundlage der Dennison-Lateralitätsbahnung.[17] Dennison erweitert diese Überkreuzbewegungen um verschiedene Augenstellungen und Augenbewegungen, die er sowohl bei den Überkreuzbewegungen als auch bei den homolateralen Bewegungen einsetzt. Er geht davon aus, dass Augenrotationen, die alle möglichen Augenstellungen aufeinander folgen lassen, eine stimulierende und integrierende Funktion für das Gehirn haben. Bei langsamer Ausführung der Bewegungen werden zudem die Feinabstimmung der Motorik und das Vestibularsystem intensiv aktiviert. Kontralaterale Bewegungen versetzen uns nach Carla Hannaford in die Lage, von beiden Seiten des Körpers Zugang zu den Sinnen (auditiv, visuell, proprioceptiv) zu bekommen.[18] Weiterhin lag der Schwerpunkt unseres Angebots auf motivierter Mitarbeit der Kinder und spielerischem, altersgemäßem Umgang mit den Bewegungsübungen.

---

[16] Dennison und Dennison: 1996, S. 130-131

[17] Vgl. Doman und Delacato, die in ihrer Arbeit, aufbauend auf den Erkenntnissen des Gehirnchirurgen Dr. Temple Fay, auf die ungestörte Bewegungsentwicklung für die Ausbildung der cerebralen Funktionen hinweisen und dabei besonders die Bedeutung der Krabbelphase betonen, 1980.

[18] Vgl. Carla Hannaford, a.a.O., S. 194.

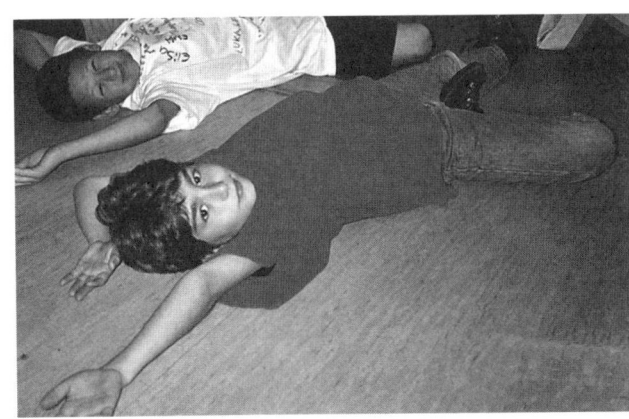

Überkreuzende
Fortbewegung in
der Rückenlage

Überkreuzbewegungen –
aller Anfang ist schwer!

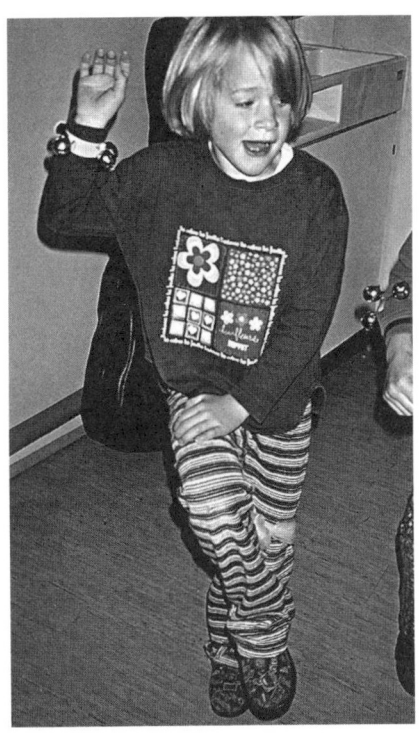

Ein Schellenbändchen und ein
gleichfarbiges Tuch – auditive und
visuelle Hilfen beim Erlernen der
Überkreuzbewegungen

Bereits nach zwei Wochen begannen die Kinder ihre Entspannungsübungen am Ende der 10 bis 15 Minuten einzufordern. Die Kinder berichteten uns davon, dass sie oft abends vor dem Einschlafen die Übungen machten, weil „sie schön sind". Nach etwa vier Wochen erinnerten sie uns regelmäßig daran, dass sie zwischendurch Wasser trinken wollten. Das Wassertrinken ist ein wichtiger Bestandteil des Edu-Kinestetik-Programms. Wasser ist eine der wichtigsten Substanzen im Körper. Es spielt eine Schlüsselrolle bei der elektrischen Aktivität im Körper, desgleichen bei der Verteilung des Sauerstoffs und bei der Ernährung. Wasser unterstützt Lernen und Denken. Der Wasseranteil im Gehirn beträgt nach Schätzungen zirka 90 Prozent.[19]

Überkreuzbewegungen aus der motorischen Entwicklung des Menschen

---

[19] Vgl. ebd., S. 169–170; Batmanghelidj: 1999

Außerdem war es den Kindern ein großes Anliegen, zusätzlich mit den ausliegenden Holzachten zu spielen.[20] (Vgl. Foto unten und Seite 56) Oft kamen Kinder zu diesem Zweck schon weit vor der Zeit in die Schule. Im Allgemeinen waren die Kinder sehr pünktlich in der Schule, manche Kinder bereits ab 7.30 Uhr, beim Eintreffen der Mitarbeiter. Allen Kindern fiel zwischendurch das frühere Aufstehen schwer und zwei Kinder verspäteten sich an zwei Tagen wegen Spielens im Schnee (wie verständlich!).

Das Kind sitzt mittig vor der Holzacht. Die Murmel wird nach links oben bewegt.

---

[20] Wassertrinken sowie die Beschäftigung mit der liegenden Acht sind Bestandteile des Brain-Gym®-Programms. Vgl. Sunbeck: 1998

Die Murmel wird mit dem Fuß bewegt.

Die Bauchmuskulatur steuert die Kugel.

Grüne Gruppe (Kontrollgruppe 1)

Die Kinder der grünen Gruppe hatten die Möglichkeit, sich selbstbestimmt und spielerisch in der Turnhalle zu bewegen. Mit oder ohne Beteiligung von Erwachsenen konnten Spielgeräte oder Bewegungsspiele für 10 bis 15 Minuten frei gewählt werden. Ballspiele wie Basketball und Fußball waren neben Rollbrettfahren und Hockeyspielen sehr beliebt. Seile, Heulrohre, Jongliertücher, Ringe, Reifen und andere Kleinmaterialien wurden ebenfalls gern zum Spielen und Bewegen eingesetzt. Besonders Anregungen für das Vestibularsystem (den Gleichgewichtssinn), welches eng in Verbindung mit dem Lernvermögen des Kindes gesehen wird, wurden von den Kindern viel genutzt. Mit dem Rollbrett fahren, sich drehen und kreisen waren ebenso beliebt wie das Schaukeln an den Ringen. Jean Ayres weist immer wieder darauf hin, wie wichtig die vestibuläre Funktion für das Lesenlernen in der Schule ist.[21] (Vgl. Fotos auf dieser Seite)

Höchste Konzentration und hervorragende Körpererfahrung

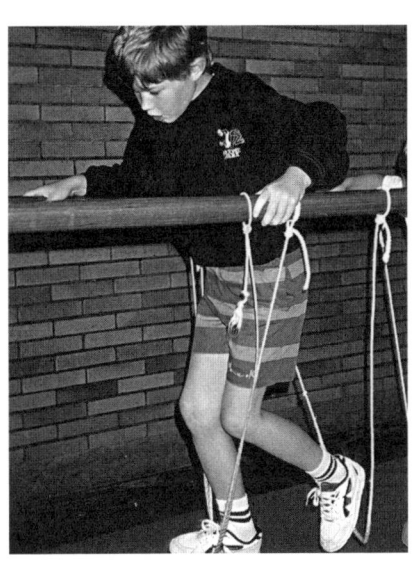

Spielaktivitäten werden entwickelt.

---

[21] Vgl. Ayres: 1998.

In den ersten ein bis zwei Wochen erwarteten die Kinder dieser Gruppe, Anregungen von der erwachsenen Mitarbeiterin zu erhalten. Sie fragten nach Spielregeln und nach Einsatzmöglichkeiten der Geräte. Später wussten sie genau, was sie spielen wollten. Sie planten und organisierten ihre Spiele weitgehend allein. Sie bildeten Gruppen oder Paare, trafen Absprachen und übernahmen Aufgaben in der Gruppe. Körpererfahrungen, Materialerfahrungen und Sozialerfahrungen standen im Mittelpunkt. Sozialkontakte, ebenso Kommunikation und Kooperation entwickelten sich bei den Spielaktivitäten. Einzelspiele waren während der gesamten Zeit seltener zu sehen als Spiele mit anderen Kindern. Im Allgemeinen ging es sehr lebhaft und bewegt zu.

Blaue Gruppe (Kontrollgruppe 2)

In der blauen Gruppe bestand die Möglichkeit, feinmotorische Spiele aus dem Bereich Tischspiele oder aber Konstruktionsspiele (mit der Erweiterungsmöglichkeit zum Rollenspiel) zu wählen. Partner- und Kleingruppenspiele wie Memory, Domino, Schnipp-Schnapp, Quartett, Pustelotto, Obstgarten, Turmbau und ähnliche standen zur Verfügung. Die Kinder wurden bei diesen Spielen zu Konzentration, Aufmerksamkeit, Erinnerung, Kombination und teilweise spielerisch zum Lesen angeregt. Kinder, die Lust hatten, allein etwas zu gestalten, wählten Playmobil und Lego zum Bauen und zum Rollenspiel. Geschicklichkeit, Vorstellungsvermögen, Planen und Kreativität wurden angeregt. Verarbeitung erlebter Situationen in den Rollenspielsituationen war möglich. Beim Spielen saßen die Kinder vorwiegend (dies war nicht vorgegeben!) am Tisch. Bei manchen Kindern entwickelten sich Vorlieben für bestimmte Spiele. Dies war teilweise abhängig von steigenden Gewinnchancen bei den Spielen. Spiele mit zu hohen Anforderungen für das einzelne Kind wurden von ihnen vermieden. Einige Kinder ließen gern den anwesenden Erwachsenen mitspielen. Auffallend war, dass das anfängliche Interesse an den Spielen zum Ende des Projekts deutlich abnahm und besonders die Regelspiele an Attraktivität und Reiz verloren.

Erhebungsdaten

Die Studentinnen und Studenten kamen in regelmäßigen Abständen von zirka zehn Tagen in die Gruppen. Beim ersten Treffen kam es zu einer freundschaftlichen Kontaktaufnahme. Bei den nachfolgenden Besuchen war es ihre Aufgabe, die Kinder Lesetexte laut vorlesen und sich danach den Inhalt des gelesenen Textes erzählen zu lassen. (Auf ausdrücklichen Wunsch einer Klassenlehrerin wurde auch leise gelesen, da in ihrer Klasse ein besonderes Leselernverfahren durchgeführt wurde.)

Die Texte für die Leseproben waren im Vorfeld entsprechend ausgewählt worden. Sie verfügten über einen der Altersgruppe angemessenen Schwierigkeitsgrad und bestanden aus 20 bis 25 Wörtern. Jeder Kindergruppe standen dieselben Lesetexte zur Verfügung. Für jede Leseprobe wurde jeweils ein neuer, für das Kind unbekannter Text herangezogen. Diese Textvorlage diente auch als Vorlage für die anschließende Schriftprobe. Die Leseproben der Kinder wurden auf Tonband aufgezeichnet, damit sie später genau auf Dauer, Fehler, Betonung und Wiedergabe des Inhalts ausgewertet werden konnten. Hauptanliegen des Projekts war es, wie bereits erwähnt, das inhaltliche Verständnis des Gelesenen zu bewerten. Daher war es den Studenten auch gestattet, nach der Erzählung der Kinder zusätzliche Fragen zu stellen. Die Bewertung des Leseverständnisses war vorher in fünf Stufen eingeteilt worden (siehe unten). Diese Einteilung ergab sich aus praktischen Erfahrungen von Pädagogen mit dem Vorlesen, Verstehen und Wiedergeben von Lesetexten und den daraus resultierenden Schulschwierigkeiten.

Bei der anschließenden Schriftprobe schrieben die Kinder Teile ihres Lesetextes auf liniertes Papier. Die Linienvorgabe entsprach der Linierung ihrer Schulhefte. Die benötigte Zeit, die Fehlerzahl und die Anzahl der geschriebenen Buchstaben wurden von den Studentinnen und Studenten vermerkt. Damit das Ergebnis möglichst objektiv ausgewertet werden konnte, wurden nicht die Wörter, sondern die einzelnen Buchstaben gezählt (und ins

Verhältnis zur Zeit gesetzt). Die Kinder der roten Gruppe (Edu-Kinestetik) wurden zusätzlich in regelmäßigen Abständen vom technischen Mitarbeiter der Universität bei den sich täglich wiederholenden Bewegungsübungen gefilmt. Dadurch sollte eine eventuelle parallele Entwicklung von Veränderungen in der Motorik und Veränderungen bei der Leseleistung festgehalten werden.

In den beiden anderen Gruppen (freies Bewegen und Tisch-spielgruppe) war diese Vergleichsmöglichkeit wegen der sich ständig verändernden Spiel- und Bewegungssituationen nicht gegeben.

Auswertungen des Untersuchungszeitraums I

Leseverständnis

Beim Vorlesen wurde das Leseverständnis der Schüler anhand ihrer Wiedergabe des Inhalts ermittelt. Folgende Abstufungen waren im Protokollbogen angegeben und von den Studentinnen und Studenten auszuwerten:

Stufe 1:	Inhalt wird erfunden (Kind erzählt völlig andere Geschehnisse)
Stufe 2:	Inhalt wird nicht verstanden („weiß nicht")
Stufe 3:	Inhalt wird nur teilweise und ungenau wiedergegeben
Stufe 4:	Inhalt wird in wesentlichen Teilen wiedergegeben
Stufe 5:	Inhalt wird genau und detailliert wiedergegeben

Am Ende des Projekts zeigten sich bei den 16 Kindern[22] folgende Ergebnisse:

Bei 10 Kindern zeigte sich eine allgemeine Verbesserung des Leseverständnisses, davon waren:
• 6 Kinder aus der roten Gruppe
• 0 Kinder aus der grünen Gruppe,
• 4 Kinder aus der blauen Gruppe.

Die angestrebte Stufe 5 („Inhalt wird genau und detailliert wiedergegeben") erreichten 7 Kinder:	
• 6 Kinder aus der roten Gruppe	
• 1 Kind aus der blauen Gruppe.	
Von diesen 7 Kindern hatten sich:	
• 2 Kinder (rot), 1 Kind (blau)	von Stufe 4 auf Stufe 5 verbessert,
• 3 Kinder (rot)	von Stufe 3 auf Stufe 5 verbessert,
• 1 Kind (rot)	von Stufe 2 auf Stufe 5 verbessert.

Veränderung insgesamt

• 2 Kinder (rot),	Verbesserung um eine Stufe des Leseverständnisses 4 Kinder (blau)
• 3 Kinder (rot)	Verbesserung um zwei Stufen des Leseverständnisses
• 1 Kind (rot)	Verbesserung um drei Stufen des Leseverständnisses
• 1 Kind (blau)	blieb auf Stufe 2
• 2 Kinder (grün)	blieben auf Stufe 4
• 2 Kinder (grün)	blieben auf Stufe 3
• 1 Kind (grün)	ging zurück auf Stufe 3

---

[22] Je ein Kind aus der grünen und der blauen Gruppe wechselte während der ersten zwei Wochen des Projekts den Wohnort und somit auch die Schule, so dass die Leistungen dieser beiden Kinder wegen zu kurzer Anwesenheit im Projekt nicht ausgewertet werden konnten.

Zusammenfassendes Ergebnis der Auswertung zum Leseverständnis

Alle 6 Kinder der roten Gruppe (Kinder mit Edu-Kinestetik-Programm) haben sich innerhalb von sechs Wochen zu einem Leseverständnis der Stufe 5 verbessert.

> **Alle Kinder der roten Gruppe, also 100 % der Teilnehmer des Edu-Kinestetik-Programms zeigten nach Abschluss des Projekts ein Leseverständnis der Stufe 5 („Inhalt wird genau und detailliert wiedergegeben").**

Um einen Irrtum auszuschließen, wurde bei dieser Gruppe am Ende des Projekts noch ein zusätzlicher Lesetest vorgenommen, der das Ergebnis bestätigte.

In der grünen Gruppe (freies Bewegen) blieben mit zwischenzeitlichen Abweichungen (eine Stufe gestiegen oder gefallen) alle Kinder im Leseverständnis auf ihrer anfänglichen Stufe. Ein Kind verschlechterte sich im Laufe der Zeit um eine Stufe.

4 von 5 Kindern der blauen Gruppe (Tischspiele) verbesserten ihr Leseverständnis um eine Stufe und ein Kind erreichte damit Stufe 5.

> **Nach diesem Ergebnis haben die gezielten Edu-Kinestetik-Übungen prägnante Auswirkungen auf das Leseverständnis von Kindern!**

Lesegeschwindigkeit

Während der Lesephasen wurde die Lesegeschwindigkeit (beim lauten und beim leisen Lesen) gemessen:

8 Kinder verbesserten ihre Wortleistung pro Sekunde, davon waren:
5 Kinder aus der roten Gruppe,
1 Kind aus der grünen Gruppe,
2 Kinder aus der blauen Gruppe.
2 Kinder zeigten gleich bleibende Leistungen in diesem Bereich:
1 Kind aus der roten Gruppe,
1 Kind aus der blauen Gruppe.
6 Kinder verschlechterten ihre Leistung während der Zeit des Projekts:
4 Kinder aus der grünen Gruppe,
2 Kinder aus der blauen Gruppe.

Fehlerquote beim Lesen

Beim Lesen ergaben sich folgende Fehlerquoten (sie waren nur bei laut lesenden Kindern messbar):

Die Lesefehlerquote fiel:
bei 5 von 6 Kindern der roten Gruppe (1 Kind liest leise),
bei 3 von 5 Kindern der grünen Gruppe,
bei 5 von 5 Kindern der blauen Gruppe.
Die Lesefehlerquote blieb bei einem Kind der grünen Gruppe gleich.
Die Lesefehlerquote erhöhte sich bei einem Kind der grünen Gruppe.

Auf einen Fehlerquotienten von 0 Fehlern kamen:
5 von 6 Kindern der roten Gruppe (1 Kind liest nur leise),
1 Kind von 5 Kindern der grünen Gruppe,
1 Kind von 5 Kindern der blauen Gruppe.

Bei der roten Gruppe wurde, um Irrtümer auszuschließen, wiederum ein zusätzlicher Test gemacht, der das Ergebnis bestätigte.

Wenn Lesezeit (Wortleistung pro Sekunde) und Fehlerquote in Beziehung gesetzt werden, ergibt sich folgende Aussage:

Kürzere Lesezeit bei gleichzeitiger Fehlerverringerung:	
	5 von 6 Kindern der roten Gruppe (ein Kind dieser Gruppe liest leise, deshalb keine Angabe möglich),
	2 von 5 Kindern der blauen Gruppe,
	3 von 5 Kindern der grünen Gruppe (2 Kinder davon haben die Fehleranzahl verringert, 1 Kind hat die Fehlerzahl beibehalten),
Gleich bleibende Lesezeit bei gleichzeitiger Fehlerverringerung:	
	1 Kind der grünen Gruppe
Gleich bleibende Lesezeit bei gleichzeitiger Fehlererhöhung:	
	1 Kind der blauen Gruppe (zeigte zuerst stetigen Fehlerrückgang)
Längere Lesezeit bei gleichzeitiger Fehlerverringerung	
	2 Kinder der blauen Gruppe
Längere Lesezeit bei gleichzeitiger Fehlererhöhung	
	1 Kind der grünen Gruppe

Zusammenfassendes Ergebnis der Auswertung der Lesezeit in Beziehung zur Fehlerquote

Das Ergebnis zeigt, dass alle Kinder der roten Gruppe (Edu-Kinestetik-Programm) innerhalb des Projektes ihre Lesegeschwindigkeit verbessern konnten und es bei den fünf laut lesenden Kindern gleichzeitig zu einer Verringerung von Fehlern kam. Beachtenswert ist dabei das Ergebnis des Leseverständnisses, das in dieser Gruppe durchgehend bei Stufe 5 lag („Inhalt wird genau und detailliert wiedergegeben").

Zu diesem Ergebnis – Verbesserung der Lesegeschwindigkeit bei gleichzeitiger Fehlerverringerung – gelangten ebenfalls zwei Kindern der grünen Gruppe (Bewegungsgruppe) und zwei Kindern der blauen Gruppe (Tischspiele). Allerdings zeigten diese vier Kinder im Leseverständnis nur Stufe 2 („Inhalt wird nicht verstanden", 1 Kind), Stufe 3 („Inhalt wird teilweise und ungenau wiedergegeben", 1 Kind) oder Stufe 4 („Inhalt wird in einigen wesentlichen Teilen wiedergegeben", 2 Kinder).

Nach diesem Ergebnis haben die Edu-Kinestetik-Übungen einen positiven Einfluss auf die Lesezeit in Beziehung zur Fehlerquote!

Die grafische Darstellung der Leseleistungen zeigt die Durchschnittswerte in den einzelnen Gruppen (vgl. Grafik 2, Seite 69). Sie macht nochmals die unterschiedliche Entwicklung in den einzelnen Gruppen sichtbar.

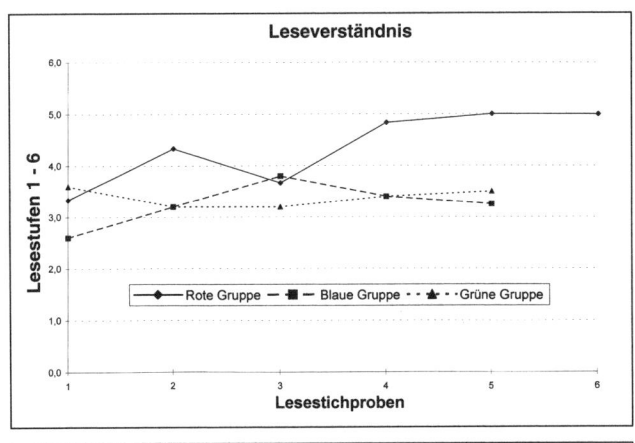

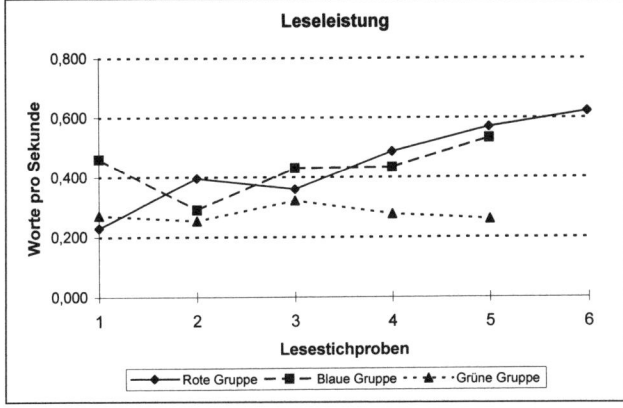

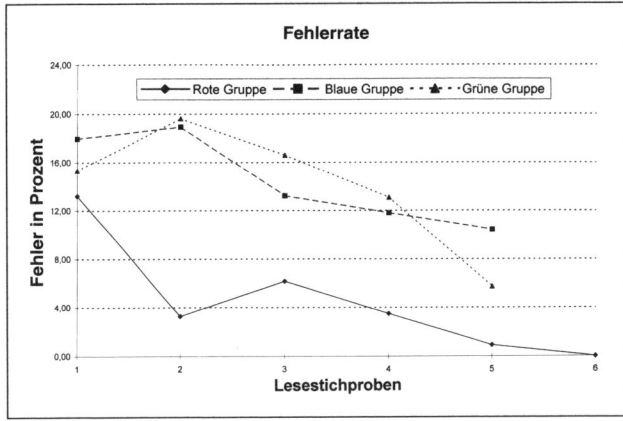

Grafik 2: Durchschnittswerte der Leseleistungen in den einzelnen Gruppen des Untersuchungszeitraums I

69

Schreibleistung

Als Schreibleistung wurde die Anzahl der geschriebenen Buchstaben pro Sekunde gewertet:

Steigerung der Schreibleistung:
• 5 von 6 Kindern der roten Gruppe,
• 3 von 5 Kindern der grünen Gruppe,
• 3 von 5 Kindern der blauen Gruppe.
Beibehaltung der Schreibleistung:
• 1 Kind der roten Gruppe,
• 1 Kind der grünen Gruppe,
• 2 Kinder der blauen Gruppe.
Verschlechterung der Schreibleistung:
• 1 Kind der grünen Gruppe.

Wenn Schreibleistung (Buchstaben pro Zeiteinheit) und Fehlerquote in Beziehung gesetzt werden, ergibt sich folgende Aussage:

Steigerung der Schreibleistung bei gleichzeitiger Fehlerverringerung:	
	4 von 6 Kindern der roten Gruppe (auf 0 Fehler),
	1 Kind der grünen Gruppe
	2 von 5 Kindern der blauen Gruppe
Steigerung der Schreibleistung bei gleich bleibender Fehlerquote:	
	2 Kinder der grünen Gruppe (0 Fehler – bis auf eine Ausnahme)
Steigerung der Schreibleistung bei gleichzeitiger Fehlererhöhung:	
	1 Kind der roten Gruppe
	1 Kind der blauen Gruppe
Beibehaltung der Schreibleistung bei gleichzeitiger Fehlerverringerung:	
	1 Kind der blauen Gruppe
Beibehaltung der Schreibleistung und der Fehlerquote:	
	1 Kind der roten Gruppe (0 Fehler)
Beibehaltung der Schreibleistung bei gleichzeitiger Fehlererhöhung:	
	1 Kind der grünen Gruppe
	1 Kind der blauen Gruppe1
Verringerung der Schreibleistung bei gleichzeitiger Fehlererhöhung:	
	1 Kind der grünen Gruppe

Zusammenfassendes Ergebnis zur Schreibleistung

Vier Kinder aus der roten Gruppe (Edu-Kinestetik-Programm) zeigten eine Verbesserung der Schreibleistung in Bezug auf Schnelligkeit und gleichzeitige Fehlerverringerung. Ein Kind dieser Gruppe blieb bei seinem guten Ergebnis in der Schreibzeit bei gleichzeitiger Fehlerlosigkeit.

Zu dem gleichen guten Ergebnis der Verbesserung der Schreibleistung bei gleichzeitiger Fehlerverringerung kamen drei Kinder aus der grünen Gruppe (Bewegungsgruppe) und zwei Kinder aus der blauen Gruppe (Spielgruppe).

Nach diesem Ergebnis kann die Schreibleistung anscheinend sowohl durch gezielte als auch durch freie Bewegung unterstützt werden!

Da das Projekt den Schwerpunkt Lesen hatte, wurde auf spezielle Bewegungsübungen zur Förderung des Schreibens weniger intensiv eingegangen.

Auswertung der Tages- und Wochenprotokolle der Lehrkräfte

Positive Veränderungen im schulischen und im Verhaltensbereich im Zeitraum von:

	Rote Gruppe	Grüne Gruppe	Blaue Gruppe
1 bis 2 Wochen	1 Kind	0 Kinder	1 Kind
3 bis 4 Wochen (negativ)	2 Kinder	2 Kinder	1 Kind
5 bis 6 Wochen	1 Kind	2 Kinder	1 Kind
7 bis 8 Wochen	2 Kinder	0 Kinder	0 Kinder
Keine Veränderung innerhalb des Zeitraums	0 Kinder	1 Kind	2 Kinder

Lediglich in der roten Gruppe konnten bei jedem Kind positive Veränderungen festgestellt werden.

In der grünen Gruppe gab es ein Kind, bei dem sich während des Projektes keine Veränderungen zeigten.

In der blauen Gruppe waren bei zwei Kindern ebenfalls keine Veränderungen festzustellen; bei einem Kind stellte sich eine negative Veränderung („arbeitet jetzt noch schlampiger") ein.

Das Verhalten der Kinder änderte sich nach Angaben der Lehrerinnen wie folgt:

Rot	Grün	Blau	Aussagen
4	2	2	bekam mehr Zutrauen zu sich, wurde selbstbewusster
0	3	1	wurde selbstständiger im Verhalten und Arbeiten
0	1	1	behauptete sich besser, setzte sich eher durch
4	2	1	wurde freudiger
0	1	0	wurde mutiger, offener
3	2	0	wurde ausgeglichener
1	0	0	hatte mehr Kontakt zu anderen in der Klasse
1	1	1	wurde aktiver, ging von sich aus auf Aufgaben zu
2	3	0	reagierte weniger aggressiv, hielt Regeln eher ein
3	2	1	beteiligte sich mehr am Unterrichtsgeschehen
3	3	0	zeigte besseres Arbeitsverhalten (selbstständiger, ausdauernder, ruhiger, konzentrierter, zügiger)
1	1	0	wurde geschickter (Turnen, Malen, Basteln, Bereiche des täglichen Lebens)
1	1	0	hatte weniger Sprachprobleme (deutlicher, fließender)
2	0	0	die Schrift verbesserte sich (schrieb besser in Linien, verdrehte Buchstaben nicht mehr, schrieb sauberer, zügiger, mehr Freude am Schreiben)
5	2	1	hatte schulische Erfolge beim Schreiben, Lesen, Rechnen (weniger Fehler, zügiger, versteht Aufgaben leichter)
0	1	2	hat sich nicht verändert
0	0	1	negative Veränderung

Zusammenfassendes Ergebnis der Auswertung

Nach den Auskünften der Lehrerinnen zeigten die Kinder der *roten Gruppe* die meisten positiven Veränderungen während des Projekts: Bemerkenswert sind die Aussagen über die schulischen Erfolge, die sich in „weniger Fehlern im Schreiben und Lesen" sowie in „fließenderem und fehlerfreierem Lesen" auch im Unterricht ausdrückten. Diese Aussagen decken sich mit der Auswertung der Projektbeobachtungen. „Selbstbewussteres" und „freudigeres" Verhalten wurden vor Merkmalen wie „ausgeglicheneres Verhalten", „bessere Beteiligung im Unterricht" und „besseres Arbeitsverhalten" genannt. Interessant sind auch die Aussagen über „weniger Aggression" und das „Einhalten von Regeln". Einzelerfolge wie „bessere Kontaktaufnahme", „aktiver auf etwas zugehen", „geschickter werden" und „weniger Sprachprobleme" wurden ebenfalls bemerkt.

Die *grüne Gruppe* zeigte erstaunliche Veränderungen in den Bereichen „selbstständigeres Verhalten und Arbeiten", „weniger Aggressionen", „Regeln einhalten", „ausdauernderes, ruhigeres Arbeitsverhalten". Es wurde mehrfach von „selbstbewussterem", „freudigerem" und „ausgeglichenerem" Verhalten, „besserer Beteiligung am Unterricht" und „schulischen Erfolgen" berichtet. Einzelergebnisse waren etwa, dass ein Kind sich „besser durchsetzen" konnte, „mutiger, offener", „aktiver" wurde und „fließender sprechen" lernte. Es gab eine Aussage, dass bei einem Kind der Bewegungsgruppe keine Veränderungen eintraten.

In der *blauen Gruppe* wurden durchgehend nur vereinzelt Verhaltensveränderungen festgestellt: Ein Kind zeigte Merkmale wie „mehr Zutrauen zu sich", es wurde „selbstständiger", behauptete sich besser, war „freudiger" und „mutiger". Ebenso wurde im Einzelfall „aktiveres Zugehen auf die Aufgaben" und „bessere Beteiligung am Unterricht" vermerkt. Bei einem anderen Kind wurde ein schulischer Erfolg, der sich in weniger Fehlern im Schreiben ausdrückte, bemerkt.

Positiv vermerkte Veränderungen zeigten sich insgesamt bei ...:
• 30 in der roten Gruppe,
• 24 in der grünen Gruppe,
• 7 in der blauen Gruppe.
(Ergebnis der Auswertung aller am Projekt teilnehmenden Kinder; es konnten mehrere Merkmale der Veränderungen angekreuzt werden, daher die hohe Zahl der Veränderungen.)
Keine Veränderungen zeigten sich bei ...:
• 0 in der roten Gruppe,
• 1 in der grünen Gruppe,
• 2 in der blauen Gruppe.
Negativ vermerkte Veränderungen zeigten sich bei ...:
• 1 Kind in der blauen Gruppe.

Nach diesem Ergebnis scheint sowohl gezielte als auch freie Bewegung große Auswirkungen auf emotionale und soziale Verhaltensweisen sowie auf allgemeines schulisches Verhalten zu haben.

Auswertung der Elternprotokolle

Die Eltern der Kinder machten folgende Zeitangaben zur Veränderung der schulischen Leistungen bzw. des Verhaltens ihrer Kinder:

	Rote Gruppe	Grüne Gruppe	Blaue Gruppe
1 bis 2 Wochen	3 Kinder	0 Kinder	1 Kind (negativ)
3 bis 4 Wochen	1 Kind	1 Kind	0 Kinder
5 bis 6 Wochen	0 Kinder	2 Kinder	0 Kinder
7 bis 8 Wochen	0 Kinder	0 Kinder	0 Kinder
Keine Veränderung innerhalb des Zeitraums	2 Kinder	1 Kind	2 Kinder
Keine Angabe	0 Kinder	0 Kinder	2 Kinder

Die Rückmeldungen der Elternhäuser waren unterschiedlich in Genauigkeit und Intensität:

- 9 von 12 Elternhäuser füllten die Mappen, die das Projekt von elterlicher Seite aus begleiten sollten, nicht aus,
  - davon gaben drei Eltern nur eine Kurzbeschreibung (in einem Satz) in der ersten Woche an;
- 3 von 12 Eltern führten wie besprochen eine Art begleitendes Tagebuch zu dem Verhalten ihrer Kinder.
- 12 von 12 Eltern füllten den Abschlussfragebogen aus.

Die Eltern berichteten von folgenden Verhaltensänderungen ihrer Kinder:

Rot	Grün	Blau	Aussagen
2	1	0	bekam mehr Zutrauen
1	1	0	wurde selbstbewusster
1	3	1	wurde selbstständiger
1	2	0	behauptete sich besser, setzte sich durch
0	0	0	war freudiger
0	1	1	wurde mutiger, offener
2	0	1	wurde ausgeglichener
0	1	0	spielte mehr mit anderen Kindern
2	1	1	war weniger aggressiv
1	0	0	hatte weniger Streit mit Freunden und Geschwistern
2	0	1	zeigte besseres Arbeitsverhalten
0	0	0	wurde geschickter
0	0	0	hatte weniger Sprachprobleme
1	1	1	war konzentrierter beim Spielen und Lernen
2	1	1	bekam bessere Schrift
2	3	1	hatte schulische Erfolge
	0	0	hatte weniger Bauchschmerzen/Kopfschmerzen
1	0	0	hatte weniger Angst vor schulischen und privaten Ereignissen
1	0	0	bettnässte weniger/hörte damit auf
2	1	3	veränderte sich nicht
0	0	1	negative Veränderungen

Bei den Angaben der Eltern fällt auf, dass in der *roten Gruppe* fünf Aussagen zur Veränderung des Selbstbewusstseins, der Selbstständigkeit, des Zutrauens zu sich selbst, des besseren Durchsetzens gemacht wurden. Ebenfalls fünfmal wurde von ausgeglichenerem Verhalten, weniger Aggressivität und weniger Streit mit Freunden und Geschwistern berichtet. Sieben Vermerke gab es zu dem Bereich des schulischen Tuns: „besseres Arbeitsverhalten", „konzentrierteres Arbeiten", „bessere Schrift", „schulische Erfolge". Zwei positive Aussagen gab es im Bereich „weniger Angst" und „weniger Bettnässen". Keinerlei Veränderung in irgendeinem dieser Bereiche wurden von zwei Eltern vermerkt.

Die Eltern der Kinder aus der *grünen Gruppe* notierten insgesamt sieben Veränderungen im Bereich „Zutrauen", „selbstbewussteres und selbstständigeres Verhalten", „sich besser behaupten können". Jeweils ein Vermerk bezog sich auf „mutigeres und offeneres Verhalten", „spielte mehr mit anderen Kindern" und „war weniger aggressiv". Drei Vermerke fanden sich bei „schulischen Erfolgen", je einer bei „konzentrierterem Lernen" bei „Schriftverbesserung". Ein Elternpaar stellte keine Veränderungen bei seinem Kind fest.

In der *blauen Gruppe* wurden nur Einzelergebnisse im Bereich „Selbstständigkeit", „Mut", „Ausgeglichenheit", „weniger Aggressivität", „besseres und konzentrierteres Arbeitsverhalten", „Schriftverbesserung" und „Verbesserung der schulischen Leistungen" vermerkt. Drei Eltern sahen keinerlei Veränderungen bei ihren Kindern. Eine Mutter vermerkte negatives Verhalten. Sie gab in ihrem Bogen an, dass ihr Kind nach einer Woche der Teilnahme am Projekt aggressiv wurde, mehr mit Freunden und Geschwistern stritt, unkonzentrierter spielte und arbeitete und nicht mehr zur Schule gehen wollte.

Positiv vermerkte Veränderungen zeigten sich bei ...:
19 in der roten Gruppe,
15 in der grünen Gruppe,
8 in der blauen Gruppe.
Keine Veränderungen zeigten sich bei ...:
2 in der roten Gruppe,
1 in der grünen Gruppe,
3 in der blauen Gruppe.
Negativ vermerkte Veränderungen zeigte:
1 Kind in der blauen Gruppe.

Nach diesem Ergebnis scheint sowohl gezielte als auch freie Bewegung große Auswirkungen auf emotionale und soziale Verhaltensweisen sowie auf allgemeines schulisches Verhalten zu haben. (Das Ergebnis der Elternbefragung deckt sich mit dem der Lehrerbefragung!)

Gesamtergebnis

Merkmale	Rote Gruppe	Grüne Gruppe	Blaue Gruppe
Leseverständnis (Stufe 5)	100%	0%	20%
Verbesserung der Lesegeschwindigkeit bei gleichzeitiger Fehlerverringerung	100%	20%	20%
Verbesserung der Schreibgeschwindigkeit bei gleichzeitiger Fehlerverringerung (1 Kind: gleich bleibende Schreibgeschwindigkeit bei 0 Fehlern)	67% bzw. 83%	60%	40%
Positive schulische und soziale Verhaltens-änderungen (Lehrer)	100%	80%	40%
Positive schulische und soziale Verhaltensänderungen (Eltern)	67%	80%	40%

Die Edu-Kinestetik-Gruppe schloss in den messbaren schulischen Leistungen mit Abstand am besten ab. Jedes einzelne Kind zeigte deutliche Leistungssteigerungen.

Die Edu-Kinestetik-Bewegungsübungen scheinen auch auf emotionale und soziale Verhaltensweisen von Kindern eine spürbar positive Auswirkung zu haben.

Untersuchungszeitraum II

Die oben dokumentierten positiven Ergebnisse des Edu-Kinestetik-Programms veranlassten uns dazu, den Kindern der Kontrollgruppen, die keine deutliche Verbesserung im Bereich des Lesens erfahren hatten, nach Abschluss des Projekts (nach den Weihnachtsferien) ebenfalls das edu-kinestetische Bewegungsprogramm anzubieten. Neben dem Wunsch, diese Kinder ebenfalls im Leselernprozess zu unterstützen, war es für uns interessant und wissenswert, ob auch diese Kinder auf die Übungen ansprechen würden oder ob der Zufall der Gruppenzusammensetzung für die hervorragenden Ergebnisse der roten Gruppe gesorgt hatte.

Die Schwierigkeit dieses zweiten Durchgangs bestand allerdings darin, dass wir bis zu den Osterferien nur sechs und nicht acht Wochen für das Programm zur Verfügung hatten und dass die Studenten in den Semesterferien Praktika absolvieren mussten und uns somit nicht zur Verfügung standen. Das bedeutete, dass wir die Lese- und Schriftproben mit nur drei Mitarbeiterinnen durchführen mussten.

Alle äußeren Umstände wie Zeitpunkt, Dauer pro Tag, Inhalt, Ort, Testdurchführung blieben im Vergleich zum ersten Versuchsdurchgang unverändert; auf Wunsch der Eltern nahmen sieben Kinder, die vormals in den Kontrollgruppen waren, an diesem zweiten Durchgang teil.

Auswertungen des Untersuchungszeitraums II

Zusammenfassendes Ergebnis der Auswertung zum Leseverständnis

Die Auswirkung der edu-kinestetischen Bewegungsübungen auf das Leseverständnis war deutlich sichtbar:

Alle Kinder erreichten (oder behielten) die Stufe 5 des Leseverständnisses.
• 1 Kind verbesserte sich von Stufe 3 auf Stufe 5,
• 3 Kinder verbesserten sich von Stufe 4 auf Stufe 5,
• 3 Kinder blieben auf Stufe 5.

Zusammenfassendes Ergebnis der Auswertungen zur Lesegeschwindigkeit

Alle Kinder verbesserten ihre Wortleistung pro Sekunde.

Zusammenfassendes Ergebnis der Auswertung der Fehlerquote beim Lesen

• 4 Kinder zeigten eine Abnahme der Fehlerquote,
• 3 Kinder blieben bei einer Fehlerquote von 0 Fehlern.

Werden Lesezeit (Wortleistung pro Sekunde) und Fehlerquote in Beziehung gesetzt, so ergibt sich folgende Aussage:

• Kürzere Lesezeit bei gleichzeitiger Fehlerverringerung: 4 Kinder
• Kürzere Lesezeit bei gleich bleibender Lesefehlerquote (0 Fehler): 3 Kinder

Diese Ergebnisse bestätigen das Ergebnis des Untersuchungszeitraums I: Die Edu-Kinestetik-Übungen haben einen positiven Einfluss auf das Lesen, sowohl auf das Leseverständnis als auch auf die Lesegeschwindigkeit und die Fehlerquote beim lauten Lesen.

Die grafische Darstellung (Grafik Seite 85–86) verdeutlicht die Entwicklung der Kinder in den einzelnen Bereichen der Leseleistung (Verstehen des Inhalts, Wortleistung pro Sekunde, Fehlerquote) während der Durchführung des Projekts.

Zusammenfassendes Ergebnis der Schreibleistung (Buchstaben pro Zeiteinheit) in Beziehung zur Fehlerquote

- Steigerung bzw. Beibehaltung der Schreibleistung (beim Abschreiben) bei gleichzeitiger Verringerung der Fehlerquote: 4 Kinder
- Beibehaltung von Schreibleistung und Fehlerquote (0 Fehler): 1 Kind
- Verringerung der Schreibleistung und Beibehaltung der Fehlerquote (0 Fehler): 1 Kind
- Verringerung der Schreibleistung bei gleichzeitiger Erhöhung der Fehlerquote: 1 Kind

Diese Ergebnisse bestätigen das Ergebnis des Untersuchungszeitraums I: Die Edu-Kinestetik-Übungen scheinen die Schreibleistungen bei einigen Kindern positiv zu unterstützen.

Grafik 3: Entwicklung der Leseleistung im Untersuchungszeitraum II

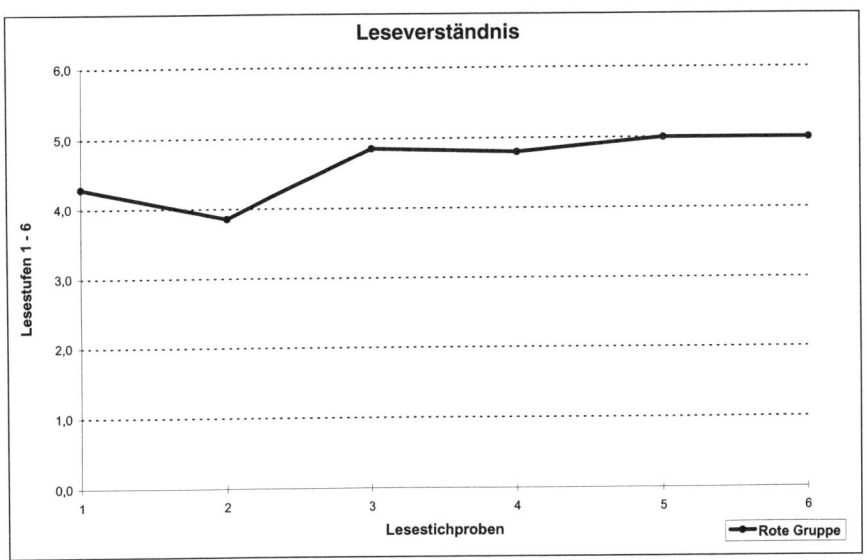

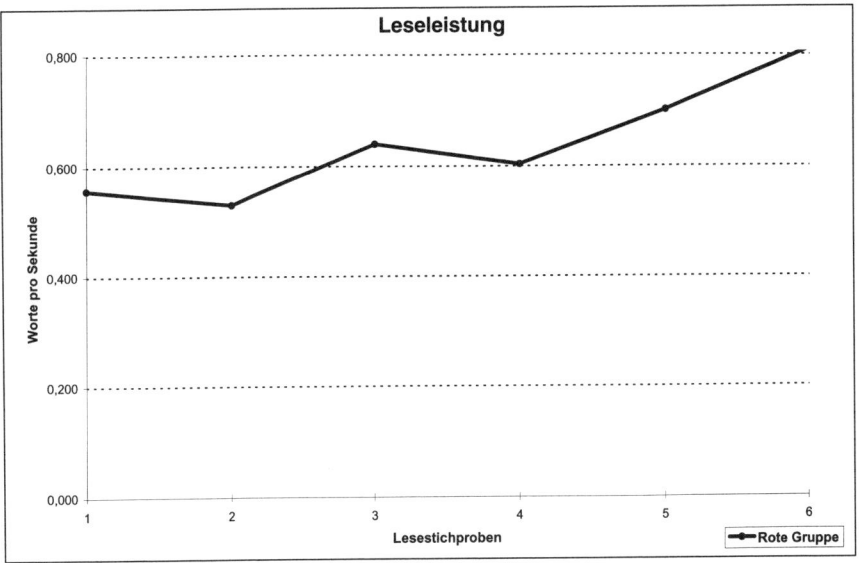

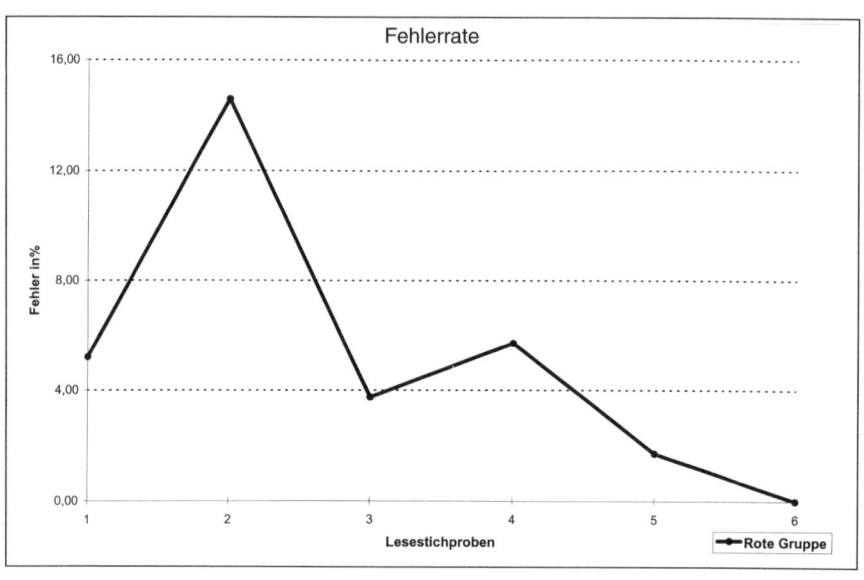

Zusammenfassendes Ergebnis der Auswertung der Tages- und Wochenprotokolle der Lehrkräfte

Positive Veränderungen im schulischen und im Verhaltensbereich im Zeitraum von:

	Anzahl der Kinder
1 bis 2 Wochen	0
3 bis 4 Wochen	4
5 bis 6 Wochen	0
Keine Veränderung innerhalb des Zeitraums	1 (zu spät)

Ein Kind kam trotz Rücksprachen mit den Eltern täglich zu spät und nahm nur etwa drei bis vier Minuten am Bewegungsprogramm teil. Bei zwei Kindern wurden von der Lehrerin keine Angaben gemacht.

Das Verhalten der Kinder änderte sich nach Angaben der Lehrerinnen wie folgt:

Anzahl der Kinder	Aussagen
4	bekam mehr Zutrauen zu sich, wurde selbstbewusster
2	wurde selbstständiger im Verhalten und/oder Arbeiten
0	behauptete sich besser, setzte sich eher durch
4	wurde freudiger
2	wurde mutiger, offener
2	wurde ausgeglichener
3	hatte mehr Kontakt zu anderen in der Klasse
2	wurde aktiver, ging von sich aus auf Aufgaben zu
4	reagierte weniger aggressiv, hielt Regeln ein
3	beteiligte sich mehr am Unterrichtsgeschehen
2	zeigte besseres Arbeitsverhalten (selbstständiger, ausdauernder, ruhiger, konzentrierter, zügiger)
1	wurde geschickter (Turnen, Basteln, Malen, Bereiche d. tägl. Lebens)
1	hatte weniger Sprachprobleme (deutlicher, fließender, weniger Fehler)
2	die Schrift verbesserte sich (schrieb besser in Linien, verdrehte Buchstaben nicht mehr, Schrift wurde sauberer, schrieb zügiger, hatte mehr Freude am Schreiben)
6	hatte schulische Erfolge beim Schreiben (weniger Fehler, zügiger), beim Lesen (fließender, versteht Inhalt, weniger Fehler, betont) beim Rechnen (zügiger, weniger Fehler, versteht Aufgaben leichter)

Die Auswertung der Elternfragebögen war nur unzureichend möglich, da nur drei von sieben Bögen zurückgegeben wurden.

Ein auffallendes Ergebnis zeigt jedoch der Antwortbogen eines Kindes, das während des Untersuchungszeitraums I der blauen Gruppe (Spielgruppe) angehörte. Der Junge wurde von seinen Eltern damals nach dem Abschluss des Projekts, das er regelmäßig besucht hatte, mit „war aggressiv", „setzte sich im Streit mit Freunden und Geschwistern auseinander", „arbeitete und spielte unkonzentrierter" und dem Zusatz „wollte nicht mehr zur Schule gehen" beschrieben. Die Eltern gaben an, diese negative Veränderung erstmals bereits nach einer Woche bemerkt zu haben. Dies war der einzige Elternbogen, der von einer negativen Auswirkung des Spielangebotes berichtete.

Interessant war das völlig andere Ergebnis der Elternwahrnehmung und Rückmeldung nach dem Edu-Kinestetik-Programm. Die Eltern gaben an, nach ein bis zwei Wochen erstmals folgende Verhaltensveränderungen bemerkt zu haben: „wurde selbstständiger", „behauptete sich besser", „setzte sich eher durch", „wurde mutiger, offener", „die Schrift wurde sauberer", „er schrieb lieber", „hatte schulische Erfolge beim Lesen, Rechnen", „hatte weniger Angst vor schulischen und privaten Ereignissen", „Bettnässen ließ teilweise nach".

Die beiden anderen Eltern-Antwortbögen berichteten ebenfalls von selbstbewussterem Verhalten, mehr Selbstständigkeit, mehr Spiel mit anderen Kindern und schulischen Erfolgen.

Die Ergebnisse decken sich auch in diesem Fall mit denen der roten Gruppe (Edu-Kinestetik-Programm) im Untersuchungszeitraum I.

Schlussbemerkung

Zusammenfassend ist zu sagen, dass bei allen Kindern, die in Untersuchungszeitraum I und II an dem Edu-Kinestetik-Bewegungsprogramm teilgenommen haben, schulische Erfolge (besonders auffallend im Bereich des Lesens) und positive Veränderungen im Verhalten festgestellt werden konnten. Eltern wie auch Lehrerinnen berichteten in späteren Einzelgesprächen vom Fortbestehen des erreichten Erfolgs und erzählten von einer neu entstandenen Lesefreude.

Für den schulischen Alltag macht das Ergebnis Mut, Kinder durch diese besonderen Bewegungsübungen zu fördern. Spielerischer, abwechslungsreicher, Spaß bereitender und altersgemäßer Einsatz der Übungen müssen jedoch für die Pädagogik zwingende Grundlage im Umgang mit jeder Art von Bewegungserziehung sein, dies gilt auch für die Übungen aus der Edu-Kinestetik.

Ein Übungsaufbau in kleinen Schritten, der auf dem motorischen Entwicklungsstand des einzelnen Kindes aufbaut, wird erhöhte Chancen für Erfolg und Freude zeigen. Pädagoginnen und Pädagogen, die sich selbst mitbewegen und verstehen, was dabei vorgeht und wozu sie die Übungen mit den Kindern machen, werden in allen Altersgruppen der Schülerschaft Akzeptanz für diese Bewegungen finden. Häufiges Wiederholen in variierter Form, eingebettet in den täglichen Unterricht, wird schrittweise zu leichterem Lernen führen. Sachlich fundierte Elterninformation ist Grundlage einer vertrauensvollen Zusammenarbeit zwischen Eltern und Pädagogen. „Lernen, Denken, Kreativität und Intelligenz sind nicht nur Prozessabläufe des Gehirns, sondern des ganzen Körpers"[23] – es lohnt sich, die Möglichkeiten, die uns die Edu-Kinestetik bietet, zu nutzen!

---

[23] Carla Hannaford, a.a.O.

Literatur

Ayres, Jean A.: *Bausteine der kindlichen Entwicklung.* Heidelberg: Springer, 1998

Batmanghelidj, Faridun: *Wasser, die gesunde Lösung. Ein Umlernbuch,* Kirchzarten: VAK, 11. Aufl. 2002

Buchner, Christina: *Lesen lernen mit links... und rechts, gehirnfreundlich und ohne Stress. Bilder, Geschichten, Ideen für Lehrer, Eltern und Therapeuten,* Kirchzarten: VAK, 5. Aufl. 2000

Buchner, Christina: *Neues Lesen, neues Lernen,* Kirchzarten: VAK, 7. Aufl. 1998

Buchner, Christina: *Stillsein ist lernbar. Konzentration, Meditation, Disziplin in der Schule,* Kirchzarten: VAK, 5. Aufl. 1999

Buchner, Christina: *Brain-Gym® &Co. – kinderleicht ans Kind gebracht,* Kirchzarten: VAK, 3. Aufl. 2001

Dennison, Paul E.: *Befreite Bahnen,* Kirchzarten: VAK, 13. Aufl. 2001

Dennison, Paul E.: *EK für Kinder. Das Handbuch der Edu-Kinestetik für Eltern, Lehrer und Kinder jeden Alters,* Kirchzarten: VAK, 16. Aufl. 2001

Dennison, Paul E., & Dennison, Gail E.: *Kursmaterial.* Zürich: Institut für Kinesiologie, 1996

Dennison, Paul E., & Dennison, Gail E.: *Brain-Gym®-Lehrerhandbuch,* Kirchzarten: VAK, 11. Aufl. 2001

Dennison, Paul E. & Dennison Gail E.: *Brain-Gym®,* Kirchzarten: VAK, 13. Aufl. 2002

Doman, Glenn: *Was können Sie für Ihr hirnverletztes Kind tun?,* Freiburg: Hyperion 1980

Donczik, J.: „Können Edu-Kinestetik-Übungen Legasthenikern helfen?", in: *Sprachheilarbeit* 1994, Nr. 5, S. 297-305

Feldenkrais, M.: *Abenteuer im Dschungel des Gehirns,* Frankfurt: Suhrkamp, 1981

Hannaford, Carla: *Bewegung – das Tor zum Lernen,* Kirchzarten: VAK, 4. Aufl. 2001

Hügel, W.: *Entwicklung und Behinderung des Körperschemas,* Idstein: Schulz-Kirchner Verlag, 1991

Irmscher & Irmscher: *Bewegung und Sprache,* Schorndorf: Hofmann, 1993

Keller & Fritz: *Auf leisen Sohlen durch den Unterricht,* Schorndorf: Hofmann, 1995

Kesper & Hottinger: *Mototherapie bei Sensorischer Integrationsstörung,* München/Basel: Reinhardt, 1993

Kiphard, E. J.: *Wie weit ist ein Kind entwickelt?,* Dortmund: Borgmann, 7. Aufl. 1991

Kiphard, E. J.: *Motopädagogik,* Dortmund: Borgmann, 4. Aufl. 1990

Kiphard, E. J.: *Mototherapie I,* Dortmund: Borgmann, 3. Aufl. 1993

Kleedorf, Mayer & Tumpold: *Lesen mit Lust und Hirn,* Wien: hpt Breitschopf, 1996

Koneberg & Förder: *Kinesiologie für Kinder,* München: Gräfe und Unzer, 1998

Krebs & Brown: *Lernsprünge. Eine bahnbrechende Methode zur Integration des Gehirns,* Kirchzarten: VAK, 3. Aufl. 2001.

Langosch-Fabri: *Alte Kinderspiele neue entdecken*, Reinbek: Rowohlt, 1995

Milz, I.: *Neuropsychologie für Pädagogen,* Dortmund: Borgmann, 1996

Miske-Flemming, D.: *Theorie und Methode zur Behandlung von perzeptionsgestörten Kindern,* Idstein: Schulz-Kirchner, 1993

Meyenburg, C.: *Die Sache mit dem X. Brain-Gym*® *in der Schule,* Kirchzarten: VAK, 3. Aufl. 1996

Meyenburg, C.: *Achter, X und über Kreuz. Edu-Kinestetik in Theorie und Praxis,* Kirchzarten: VAK, 1996

Ornstein & Thomson: *Unser Gehirn, das lebendige Labyrinth*, Reinbek: Rowohlt, 1993

Pauli & Kisch: *Was ist los mit meinem Kind?,* Ravensburg: Otto Maier, 1992

Sunbeck, D.: *Was die 8 möglich macht. Laufend neue Aufgaben lösen,* Kirchzarten: VAK, 3. Aufl. 2001

Olsen, A.: *Körpergeschichten. Das Abenteuer der Körpererfahrung*, Kirchzarten: VAK, 3. Aufl. 1999

Zimmer, K.: *Das Leben vor dem Leben,* München: Kösel, 5. Aufl. 1996

Zimmer, K.: *Das wichtigste Jahr,* München: Kösel, 1996

Zimmer, R.: *Handbuch der Sinneswahrnehmung,* Freiburg: Herder, 7. Aufl.1999

Zukunft-Huber, B.. *Die ungestörte Entwicklung ihres Babys*, Stuttgart: Trias, 1998

Dorothea Beigel

Die praktische Anwendung der Edu-Kinestetik im Projekt

Jeden Morgen um 7.45 Uhr trafen sich die Lehrerinnen, die im Projekt für die Edu-Kinestetik zuständig waren, mit den Kindern der Gruppe in der Schule. Von 7.45 Uhr bis 8.00 Uhr hatten wir Zeit uns gemeinsam zu bewegen, zu spielen und Spaß zu haben. Feste Rituale und Regeln gestalteten dieses morgendliche Gruppentreffen.

Zu unseren Ritualen gehörten:

- der Begrüßungskreis,
- die Bewegungen zur motorischen Entwicklung,
- die Dennison-Lateralitätsbahnung,
- die Entspannungsphase,
- die Verabschiedung der Kinder.

Regeln für dieses Gruppentreffen waren etwa folgende:

- Bekleidung, Schulranzen und Wasserflaschen an der Seite des Raumesaufbewahren, damit niemand darüber fallen kann.
- Vermeiden, sich gegenseitig mit den Füßen zu stoßen, damit sich niemand wehtut.
- In der Entspannungsphase die anderen nicht stören.

Der Begrüßungskreis

In der Begrüßungsphase kamen alle Kinder zum Kreis zusammen. Wir fassten uns an den Händen und begannen mit einem Lied. Beim Singen machten wir unsere *Überkreuzbewegungen*. Anfangs war es immer das gleiche Lied, welches gesungen wurde ("Guten Morgen, guten Morgen, so ruf ich durchs

Haus und wer noch im Bett liegt, den lache ich aus!"). Später wählten wir auch Lieder, die jahreszeitlich oder zu aktuellen Gegebenheiten passten.

Die Überkreuzbewegungen, die zu den Liedern gemacht wurden, bestanden anfangs aus einfachem Überkreuzen *vor* dem Körper; später gab es Variationen und Erweiterungen. (Überkreuzbewegungen *hinter* dem Körper, zur Seite usw. Wir überkreuzten paarweise mit den Händen und mit den Knien und machten Spiele daraus.)

Nach dem Begrüßungskreis tranken alle Wasser. Jedes Kind brachte sich sein Wasser selbst mit.

Wasser ist wichtig!

Die Bewegungen zur motorischen Entwicklung

Nun begann die Phase des Wiederaufgreifens bzw. des Nachholens der motorischen Entwicklungsstufen. Es ist für jedes Kind wichtig, dass es in seiner Entwicklung, die aufeinander aufbauenden motorischen Entwicklungsstufen durchläuft und dass es ausreichend Erfahrung in diesen Stufen sammeln kann. Dennison geht mit seinen „Mittellinienbewegungen" auf diese Stufen ein. Seine Übungen sind in der motorischen Entwicklung des Kindes wieder zu finden. Deshalb war es wichtig, vertiefende Bewegungserfahrungen rund um die Übungen zu sammeln. Je vielfältiger und variierter Bewegungserfahrungen angeboten werden, desto besser und tiefer werden sie integriert und bieten dadurch eine sichere Grundlage für weitere kompliziertere Bewegungserfahrungen. Diese Bewegungserfahrungen sind, wie bereits erwähnt, in engem Zusammenhang mit Wahrnehmungsverarbeitung und Wahrnehmungsschulung zu sehen und legen die Grundlagen für das Lernen.

In dieser Phase wurde viel mit Musik gearbeitet. Kinderlieder, klassische Musik, Oldies und Aktuelles wurden im Wechsel je nach Bedarf und passend zu den einzelnen Übungen und Spielen eingesetzt.

In der ersten Zeit arbeiteten wir mit den Kindern vorwiegend auf dem Bauch und auch auf dem Rücken liegend, so wie es der motorischen Entwicklung entspricht. Die Kinder hatten dadurch auch eine intensive taktile Stimulation bei den Übungen. In Rücken- oder in Bauchlage konnten wir kriechen wie die Tiere, im „Wasser" kraulen, auf dem Boden rollen und robben: Wir lagen auf dem Rücken, strampelten und schauten dabei auf unsere Hände, wir machten Bewegungen aus den ersten Monaten der kindlichen Entwicklung. Bei diesen Bewegungsübungen kamen wir bereits vom homolateralen Bewegungsmuster ins alternierende Bewegen. Wir überkreuzten mit Armen und Beinen die Körpermittellinie, auf dem Rücken liegend oder auf dem Bauch liegend, erzählten und erlebten Geschichten dabei. So waren die Kinder immer wieder motiviert sich gezielt zu bewegen und gemeinsam zu spielen. Längere Bewegungsphasen unterstützten wir zusätzlich durch Musik, rhythmische Verse oder eigenen Gesang.

Aus diesen Bewegungen in der Bauch- und Rückenlage kamen wir mehr und mehr zu Bewegungen (homolateral und überkreuzend), die im Kniestand gemacht werden konnten. So krabbelten wir zum Beispiel mit den Kindern, mal als Esel, die beladen waren (Lied: „Ein kleines graues Eselchen, das wandert durch die Welt"), mal waren wir gemeinsam eine lange Eisenbahn („Husch, husch, husch, die Eisenbahn, wir wollen heut' nach Wetzlar fahr'n"), deren Wagen sich aneinander anschlossen. (Bei diesen Eisenbahnbewegungen müssen die Kinder sehr langsam, aneinander hängend, Überkreuzbewegungen machen. Dabei ist es wichtig, dass der Vers langsam und rhythmisch von allen gemeinsam gesprochen wird.) Auf diese spielerische Weise wurden die einzelnen Brain-Gym®-Übungen vorbereitet. Variationen zur *Beckenschaukel* waren zum Beispiel die Wippe, das Karussell und die Achterbahn, die sitzend, unterstützt durch rhythmisches Sprechen, geübt wurden. („Hin und her ist nicht schwer [Wippe] – rundherum ist nicht dumm [Karussell] – mein Po macht eine 8, guck mal, wie der lacht [Achterbahn] ...") Der *Energetisierer* wurde in Form des Spielens einer Katze vorbereitet. Wir dirigierten im Sitzen und Stehen (*Simultanzeichnen*, vgl. Foto Seite 97) und wir krabbelten „faule Achter". (Eine *liegende 8* krabbeln und dabei ein Lied singen, liegende 8 krabbeln und dabei seinen Namen und seine Adresse sagen, liegende 8 krabbeln und dabei gemeinsam Verse sagen, liegende 8 krabbeln und an etwas Schönes denken ...) Wir machten Partnerspiele mit der *Fußpumpe*. („Auf und nieder, immer wieder geht mein Fuß so zum Gruß ...")

Simultanzeichnen – anfangs häufig eine große Schwierigkeit für die Augen!

Wir gingen allmählich dazu über, die gleichen Übungen im Stehen oder Gehen zu machen? Die einzelnen Brain-Gym®-Übungen wurden immer genauer und ausgefeilter in spielerischer Art mit den Kindern erarbeitet. Wir spielten Ballett und Zirkus, wir waren Indianer, hüpften, gingen, schlichen, überkreuzten dabei oder variierten mit homolateralen Bewegungen.

Die Bereiche der vestibulären sowie der taktil-kinästhetischen Wahrnehmung und die Auge-Hand-Koordination wurden intensiv und unbemerkt mitgeschult.

Inzwischen war es den Kindern möglich, Überkreuzübungen mit Schultern und Hüften, mit Armen und Beinen, mit Augen und Zunge auch in langsamer Art und Weise – in Zeitlupe – auszuführen. Sie konnten mit Schultern, Hüften, Armen, Beinen, mit den Augen und mit der Zunge inzwischen auch liegende Achter malen. Die Längungsübungen hielten sie gut durch, indem wir Geschichten dabei erfanden, gemeinsam ein Lied sangen oder auch die –Einmaleins-Reihen aufsagten, wenn wir in der Dehnung standen. Die Kinder zeigten besonders viel Fantasie beim Erfinden eigener ähnlicher Übungen.

Die Dennison-Lateralitätsbahnung

Mit den bisher geschilderten Übungen bauten wir Schritt für Schritt die Dennison-Lateralitätsbahnung auf. (Vgl. Foto unten) Nachdem die Kinder Überkreuz- und homolaterale Bewegungen mühelos durchführen und ihre Augen dabei in alle Richtungen frei bewegen konnten, begannen wir das dazugehörige Summen und Zählen in Kombination einzusetzen. In Partnerarbeit wurde mit Fingerpüppchen der Augenkreis erarbeitet, der während des homolateralen bzw. überkreuzenden Bewegungsmusters für die Bahnungsschritte benötigt wird. Die Dennison-Lateralitätsbahnung wurde danach in allen sechs Schritten sechs Wochen lang täglich in Partnerarbeit vor dem Unterricht durchgeführt.

Bewegungen aus der motorischen Entwicklung des Menschen

Die Entspannungsphase

Zur Entspannung konnten sich die Kinder hinlegen oder hinsetzen. (Vgl. Foto auf dieser Seite) Das Ausstreichen der Ohrenränder, das Massieren des Kiefergelenks, die *Hook-ups* und das Halten der Stirnbeinhöcker (*Positive Punkte*) waren immer gleich bleibende Elemente in der Entspannung. Anfangs war es für die Kinder sehr ungewöhnlich, in eine Entspannungssituation zu gehen. Nach und nach fingen sie jedoch an, diese Zeit besonders zu genießen; sie forderten ihre Entspannungszeit ein. Einige Kinder erzählten uns auch davon, dass sie abends im Bett die Übungen für sich alleine machten. (Vgl. Fotos Seite 101–102)

Eine Energieübung in Partnerarbeit

Entspannung

Die Verabschiedung

Wir verabschiedeten uns von den Kindern im Kreis, indem jedes Kind einen guten Wunsch für den Tag mitbekam. Solche Wünsche waren zum Beispiel: „Viel Freude, viel Spaß, ein fröhliches Lesen!" und Ähnliches. Die Kinder gaben ihre Wünsche für den Tag selbst an. Sie liebten diese Verabschiedung und kamen oft mehrmals, um sich noch einen schönen Wunsch für den Tag abzuholen.

„Hook-ups"

Beispiele für Bewegungsgeschichten

Bewegungsgeschichte 1

Wir machen einen Ausflug und alle Kinder gehen mit (Überkreuzen der Körpermittellinie, rechte Hand berührt linkes Knie, danach berührt die linke Hand das rechte Knie). So gehen wir durch unser ganzes Dorf, bis wir an eine Ampel kommen (stehen bleiben). Wir drücken die Ampel, sie wird grün, wir schauen vorsichtshalber langsam nach links und nach rechts (*Nackenrolle*), und jetzt gehen wir, so wie das Ampelmännchen es uns zeigt, über die Straße (Überkreuzen der Körpermittellinie mit Armen und Beinen hinter dem Körper: rechte Hand berührt linken Fuß, dann berührt die linke Hand den rechten Fuß). Am anderen Ende des Zebrastreifens ist aber kein Gehweg mehr, sondern nur noch ein Krabbelweg. Deshalb krabbeln wir weiter durch das Dorf. Wir krabbeln so weit, bis wir an den Eingang des Zauberwalds kommen. Wir setzen uns mit unserem Po auf die Zauberstelle, schaukeln auf der Zauberstelle hin und her (*Beckenschaukel*) und siehe da, wir haben nun Eintritt in den Zauberwald! (Ist die Bewegungszeit zeitlich begrenzt, kann die Geschichte beendet werden, indem eine Fee einen Spruch spricht, der die Gruppe den ganzen Weg in denselben Bewegungsformen, aber mit geschlossenen Augen, zurückführt. Am nächsten Tag ist es möglich, dank eines Feenflugs dort an der Stelle des Eintritts in den Zauberwald mit den Kindern weiterzuspielen; die Kinder sind nämlich in der Regel sehr neugierig, wie die Geschichte im Zauberwald weitergeht.)

Bewegungsgeschichte 2: Im Zauberwald

Durch die *Beckenschaukel* gelingt es uns am nächsten Tag wieder, Eintritt in den Zauberwald zu bekommen. Heute wollen wir durch die verschiedenen Reiche der Tiere reisen. Das erste Reich ist das Reich der Kriechtiere. Wir kriechen wie die Tiere durch ihren Wald. Wir kriechen vorwärts, wir kriechen rückwärts, wir kriechen langsam, wir kriechen schnell, wir begrüßen einander freundlich, wenn wir beim Kriechen andere treffen (Überkreuzbewegungen). Manchmal streicheln wir einander auch dabei. Wenn der Morgen vorbei ist, haben wir das Land der Kriechtiere durchquert und kommen nun in das Reich der Käfer. Wir sehen, wie die Käfer auf dem Rücken liegen und mit den Beinen vor Freude strampeln und wir machen es ihnen nach. Mit den Händen dirigieren wir dazu die Käfermusik (*Simultanzeichnen*), die wir hören. Nach einer Weile rollen wir uns weiter, um zu den Zauberkätzchen zu kommen. Die Zauberkätzchen schlecken ihre Milch (*Energetisierer*). Wir sehen auch Frösche (*Energiegähnen*). Sie reiben ihr großes Maul an der Seite, quaken laut dabei und hüpfen um den Teich. Wenn wir den Teich sehen, bekommen wir alle Durst. Wir holen unser Wasser zum Picknick, setzen uns zusammen und freuen uns über den schönen Tag. Wir bemerken, dass die Nacht hereinbricht, und wir legen uns hin, damit wir im Zauberflug zurück zur Schule geflogen werden. Damit der Flug auch sicher wird, halten wir unsere Stirnbeinhöcker (*Positive Punkte*) fest.

Bewegungsgeschichte 3: Aufwachen im Zauberwald

Mit geschlossenen Augen und unsere Stirnbeinhöcker haltend haben wir am nächsten Tag die Möglichkeit, wieder dorthin in den Wald zurückzukommen, wo wir am Tag vorher aufgebrochen sind. Wir liegen und wachen dieses Mal auf mit den Händen auf den Stirnbeinhöckern. Wir strecken und recken uns, stellen uns an einen Baum und machen die *Wadenpumpe*. Dabei fangen wir an, unser Einmaleins aufzusagen. Wir strecken und recken uns weiter und machen in Partnerarbeit den *Armaktivierer*. Wir joggen auf der Stelle, um wach zu werden, malen eine Zauberformel in Form von *liegenden Achten* mit dem Finger, mit der Nase, mit dem Po, mit dem Fuß ... Da kommt eine Fee und nimmt uns im Feengang mit zu den Zwergen. (Oberkörper leicht nach vorn legen. Jetzt gleichzeitig rechten Arm nach vorn und linkes Bein nach hinten strecken, dann im Wechsel linken Arm nach vorn und rechtes Bein nach hinten strecken und dabei leicht und locker bewegen, leichte

Körperneigung nach vorne, gestreckte Arme und Beine, nach vorn der Arm, nach hinten das Bein, leicht nach oben.) Mit den Zwergen krabbeln wir nun durch ihre Höhlen, steigen über große Bäume hinweg (Stuhlreihen oder Ähnliches), begrüßen uns gegenseitig freundlich, indem wir uns die *Gehirnknöpfe* und die *Ohren massieren*, und tanzen gemeinsam einen Zwergentanz (*Überkreuztanz*).

*

Solche Geschichten kann man leicht selbst erfinden, indem man kindgerechte Inhalte, Tagesabläufe, Märchen oder Ähnliches zu Hilfe nimmt. Unschwer lassen sich die Brain-Gym®-Übungen darin „verpacken". Die Kinder haben immer wieder viel Freude an Versen und Reimen, an Liedern und Spielen, die mit den Bewegungen kombiniert werden. Auf diese Art und Weise werden die Brain-Gym®-Bewegungen nicht zu sturen Übungen, zu denen Kinder keine Lust mehr haben, sondern sie machen gespannt auf das Neue, das ihnen immer wieder in den verschiedenen Ländern und Situationen, die sie mit uns erkunden, begegnet.

Dorothea Beigel

Bewegte Spiele zur Förderung des Schreibens und Rechnens

Spielfreude geht vor Erfolg!

Bei sämtlichen Spielen ist es notwendig klare und verständliche Spielregeln zu vermitteln und darauf zu achten, dass sie von allen Mitspielern eingehalten werden. Nur dies gewährleistet die Freude aller Beteiligten und sichert die Lernbereicherung für das einzelne Kind.

1. Schreibspiele

Ein Fax schicken

Nach kurzer Erklärung, was ein Faxgerät ist, stellen sich die Kinder in Reihen auf. Bei jüngeren Kindern besteht das Faxgerät zuerst aus 2 Kindern, später verlängert sich die Leitung, sodass bis zu 5 oder 6 Kinder ein Faxgerät bilden können. Der Letzte in der Reihe gibt eine Information ein. Er tut dies, indem er seinem Vordermann etwas Einfaches (!) auf den Rücken malt bzw. schreibt, zum Beispiel einen Strich. Dabei spricht der Malende nicht. Das zweite Kind spürt das Gemalte, malt es dem dritten Kind auf den Rücken und so weiter, bis der Vorderste in der Reihe bemalt bzw. beschrieben worden ist. Dieses Kind geht nun von vorn nach hinten an seiner Faxreihe vorbei und nennt jedem das Gemalte; zum Beispiel sagt es zu jedem in der Reihe: „Ein Strich." Während des Spielens ist es erlaubt darum zu bitten, dass das Gemalte nochmals langsam und mit mehr Druck gemalt wird.

Jüngere Kinder haben genug damit zu tun, ihrem Vorderkind etwas auf den Rücken zu malen, zum Beispiel einen Kreis, einen Punkt oder Ähnliches. Für sie ist die Wartezeit in einer Reihe, in der es eventuell auch noch zu Verzögerungen kommen kann, zu lang. Auch ist das Ergebnis oft noch sehr unklar, weil Informationen auf dem Rücken noch nicht erkannt oder nicht richtig weitergegeben werden. Dennoch – oder gerade deshalb – haben sie viel Spaß am Partnerspiel.

Ältere und besonders geübte Kinder schaffen es oft, sogar einfache, kleine Wörter in Druckschrift (zum Beispiel „OMA") auf dem Rücken zu erlesen und deutlich weiterzugeben. Dieses Spiel gibt der Gruppe ein gutes Gefühl für Zusammenarbeit.

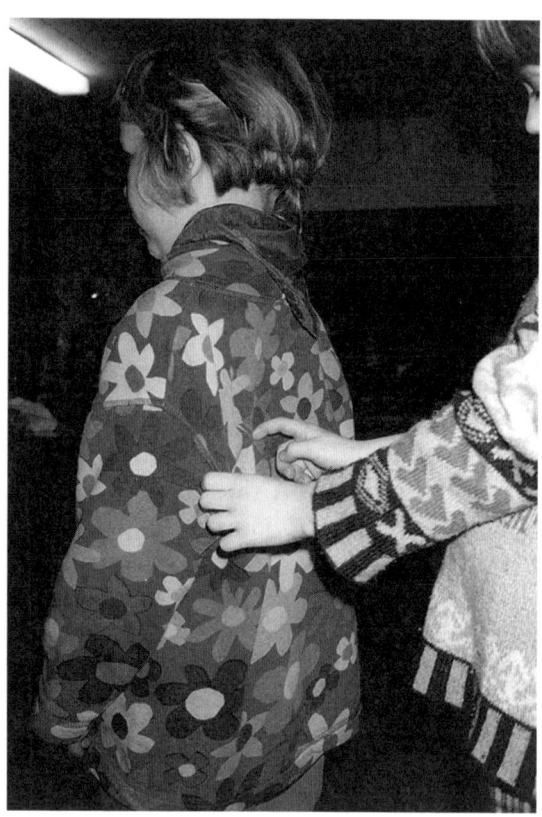

„Ein Fax schicken"

Buchstabenspiel

Die Kinder gehen, laufen oder hüpfen nach Musik durch den Raum, ohne sich gegenseitig zu berühren. Dann wird die Musik unvermittelt gestoppt und die Lehrkraft (oder ein Kind) ruft einen Buchstaben. Für jeden Buchstaben wird vorher eine Bewegung vereinbart: Bei I legen sich alle auf einen Tisch, bei U kriechen sie unter den Tisch, bei O setzen sich alle auf den Po (bei A steigen alle auf einen Tisch, bei Ei streicheln sich alle usw.). Dieses Spiel eignet sich sehr gut zur Konzentrationssteigerung und übt das genaue Hören der einzelnen Buchstaben. Durch zusätzliches Hochzeigen der Buchstaben kommt es zu einem vertieften Lernen und Merken. Am Anfang ist es wichtig, nur mit zwei oder drei Buchstaben zu beginnen und die vereinbarten Bewegungen erst einmal gemeinsam durchzuführen, damit sie besser verinnerlicht werden. Spielt man das Spiel öfter, ist eine Steigerung der Anforderungen möglich, indem zum Beispiel *alle* Vokale in *einem* Spiel eingesetzt werden.

. Wird das Spiel mit Konsonanten gespielt, ist es wichtig sehr deutlich zu sprechen. Ich empfehle die Handzeichen mit einzusetzen, da der Geräuschpegel bei Bewegungsspielen für manche Kinder zu hoch ist, sodass sie allein über das Hören nicht genau differenzieren können.

Variation: Dieses Spiel kann man in höheren Klassen so spielen, dass man die Bewegungsformen für *Wortarten* einsetzt. (Zum Beispiel: Bei Adjektiven stehen alle Kinder auf einem Bein, bei Substantiven klatschen alle ...). Auch im Fremdsprachenunterricht kann man mit diesem Spiel Bewegungsphasen in den Unterricht einbauen.

Buchstabentag

Im Klassenraum (und wenn möglich auch auf dem Schulflur) werden neue Buchstaben (bzw. die letzten erlernten Buchstaben) auf verschiedenste Art erspürt, erlebt und zuletzt „gefeiert". Die Kinder gehen dabei in beliebiger Reihenfolge verschiedene Stationen ab, die mit Nummern versehen sind. An jeder Station liegt ein Stempel, den die Kinder, nachdem sie an der Station gearbeitet haben, auf ihr „Laufblatt" stempeln. Das ist eine hilfreiche Kontrolle für die Kinder, ob sie auch jede Station einmal besucht haben. An den Stationen *erfühlen* sie zum Beispiel den Buchstaben (aus Sandpapier ausgeschnitten oder erhaben auf Papier geklebt), *formen* ihn mit Seil oder Wolle, *kneten* den Buchstaben, *malen* den vorgezeichneten Buchstaben aus, *spuren* ihn nach, *suchen* ihn mit verbundenen Augen in Säckchen, *gehen* ihn vor- und rückwärts (mit Kreppband am Boden aufgeklebt), *hüpfen* ihn, *legen* ihn mit Naturmaterialien (Steine, Kastanien ...), suchen ihn aus Buchstabenkeksen heraus und *essen* ihn, *hören* eine Geschichte von ihm ... – der Fantasie sind keine Grenzen gesetzt.

Zuletzt wird eine gemeinsame Aktion zum Buchstaben veranstaltet, zum Beispiel Popcorn machen zum P oder sich als Indianer anmalen und Federschmuck basteln zum I usw.

Buchstabenolympiade

Im Klassenraum (und eventuell im Schulflur) werden verschiedene „Bewegungsstationen" aufgebaut. An jeder der Stationen, die mit Nummern gekennzeichnet sind, ist eine Bewegungsaufgabe zu erfüllen, zum Beispiel: Einmachgummis in einen Karton schießen; mit den Füßen ein Zeitungspaket packen; einen Fingerhut von einem Finger zum anderen wandern lassen, ohne die andere Hand zu benutzen; Murmeln unter den Füßen eingekrallt transportieren; Murmeln in „Tore" rollen, mit beiden Händen gleichzeitig malen, Tennisbälle um Hindernisse pusten und Ähnliches. Die Aufgabenstellung steht an der Station. Im Text der Aufgabenstellung ist *ein* Buchstabe oder sind *mehrere* Buchstaben eingekreist. Wer die Aufgabe erfüllt hat, geht mit seinem Laufzettel zum Stempeltisch und stempelt sich den oder die Buchstaben, die an der Station im Text eingekreist sind, auf sein Blatt. (Buchstabenstempel und Stempelkissen werden von der Lehrkraft vorher dort ausgelegt.) Jede Station hat eine Nummer und die gefundenen Buchstaben werden unter die entsprechende Nummer auf dem Laufblatt gestempelt. Alle Buchstaben zusammen ergeben ein Lösungswort.

Wer das Lösungswort gefunden hat, der findet in einer von mehreren Schachteln, die im Klassenraum stehen und mit möglichen Lösungswörtern versehen sind, ein Mandala oder Ähnliches zum Ausmalen und kann daran arbeiten, bis die anderen fertig sind.

Stummes Alphabet

Nach Einführung des Alphabets eignet sich dieses Spiel sehr gut zur Vertiefung. Die Kinder stellen sich auf ein Signal hin in einer Reihe auf, geordnet nach der alphabetischen Reihenfolge ihrer Vornamen und ohne zu reden – nur Fingerzeichen, Kopfnicken oder andere Gestik und Mimik sind erlaubt. Die Richtigkeit der Reihenfolge wird gemeinsam überprüft, indem die Namen laut genannt und mit der großen Alphabettafel verglichen werden, die von den Schülern gemeinsam hergestellt und in der Klasse aufgehängt wurde. Für richtiges Aufstellen erhält die Klasse einen Bonuspunkt. Eine bestimmte Anzahl solcher Punkte für besondere, von der Klasse gemeinsam erbrachte, „außerordentliche" Leistungen verschafft meiner Klasse besondere, vorher vereinbarte Vorteile wie zum Beispiel einen Tag ohne Hausaufgaben, eine Wunschstunde, Vorlesegeschichten und andere besondere Aktivitäten.

Variation: Das Ordnen vorhandener Gegenstände und Materialien (aus dem Ranzen, aus dem Klassenzimmer, auch Kleidungsstücke oder Pausenfrühstücke) nach Alphabet ist ebenfalls eine reizvolle „stumme" Aufgabe für die Kinder.

Spielt man das Spiel im *Freien*, so kann man die Klasse in zwei (oder mehrere) Gruppen einteilen. Man steigert den Schwierigkeitsgrad, indem man den Buchstaben des Alphabets die entsprechenden Nummern zuordnet (also A = 1, B = 2 usw.). Die Gruppen gehen jetzt an ihre Arbeit und ordnen alles, was sie draußen im Freien sehen und finden, nach dem Alphabet, indem sie es in entsprechender Reihenfolge mithilfe von Zetteln nummerieren (zum Beispiel Apfelbaum = 1, Blume = 2 usw.). Wenn alle fertig sind, überprüfen die Gruppen gegenseitig ihre Ergebnisse auf die Richtigkeit und schreiben die Wörter in alphabetischer Reihenfolge auf.

A, B, C, ich hör gut zu und geh!

Vor der Pause, am Ende der Stunde, zum Treffen im Sitzkreis oder vor bestimmten Aufgaben spricht eine Schülerin oder die Lehrkraft langsam das Alphabet. Das Kind, dessen Vorname mit dem gerade genannten Buchstaben beginnt, steht auf und bewegt sich mit einer von ihm selbst gewählten Fortbewegungsart (Laufen, Hüpfen, Krabbeln, Tanzen ...) zum Zielort.

Variation: Man kann auch ausmachen, dass der *Nachname* des Kindes als Signal zum Gehen gilt, oder der Name der Straße, in der es wohnt, der Vorname eines Elternteils usw.

Buchstabenschnüre

Im Raum stehen mehrere „Fühlkartons". In jedem Fühlkarton ist eine Schnur mit jeweils verschiedener Knotenanzahl. Jeder Knoten bedeutet einen Buchstaben des Alphabets (1 Knoten = A, 2 Knoten = B, 3 Knoten = C usw.). Alle Schüler gehen durch den Klassenraum, ohne dabei zu sprechen, ertasten die Knoten, setzen sie in den entsprechenden Buchstaben um und bilden aus den ertasteten Buchstaben so viele Wörter wie möglich.

Haltestelle

Verschiedene Buchstaben werden groß und deutlich sichtbar in der Klasse ausgehängt. Die Kinder sollen an die richtige Haltestelle gehen. Ein Kind oder die Lehrkraft nennt ein Wort (zum Beispiel Oma). Alle Kinder bewegen sich nun, ohne zu reden, zu einer Haltestelle mit einem Buchstaben, der in dem Wort vorkommt. (Es kann sein, dass *alle* Buchstaben des Wortes ausgehängt sind; dann wählen die Kinder sich eine der Möglichkeiten aus.) Wer richtig steht, darf sich selbst einen Punkt auf die Hand malen.

Variation: Den Kindern wird zu dem Wort eine Bewegungsform oder eine bestimmte Gestik oder Mimik vorgemacht, mit der sie sich zu der Haltestelle begeben sollen.

Plätze tauschen

An jedem Sitzplatz in der Klasse liegt ein Blatt Papier. Jedes Kind schreibt seinen Namen auf das Papier. Musik wird eingeschaltet, die Kinder verlassen ihren Platz und gehen zur Musik mit frei gewählten Bewegungen, ohne ein anderes Kind anzustoßen, durch den Raum. Dann wir die Musik gestoppt. Jedes Kind bleibt an dem Platz, wo es gerade steht, und sucht sich den nächstgelegenen Sitzplatz. Es schreibt etwas Nettes auf das dort liegende Blatt. Die Musik beginnt wieder, alle Kinder bewegen sich weiter zur Musik durch den Raum. Sind auf jedem Blatt Papier drei oder vier nette Bemerkungen, so bringen wir beim letzten Musikstopp die Blätter zu unserem Klassenbriefkasten und werfen sie dort ein. In der Lesezeit, die ich in meinem Stundenplan regelmäßig eingeplant habe, zieht jedes Kind einen Brief, liest ihn vor und überbringt ihn dem Kind, dessen Name auf dem Papier steht.

Spiele zur Einführung neuer Buchstaben

– Handzeichen für den neuen Buchstaben vereinbaren

– Aktivitäten zum neuen Buchstaben (zum Beispiel Popcorn machen beim P, Waffeln backen beim W, Armbänder basteln beim A, mit Murmeln spielen beim M usw.) erfinden und vormachen lassen

– Wahrnehmungserlebnisse zum neuen Buchstaben (Riech-, Schmeck-, Tast-, und Hörerfahrungen zu den Wörtern, in denen der neue Buchstabe vorkommt)

– Vorlesegeschichten mit dem neuen Buchstaben verbinden

– Gedichte zur Buchstabengeschichte schreiben

– Selbstgedichtete Lieder mit dem neuen Buchstaben (auf bekannte Melodien) singen

– Gegenstände sammeln, die mit dem neuen Buchstaben beginnen (in ein großes Glas oder einen Schuhkarton legen)

– Buchstabenwege großflächig auf dem Boden markieren (mit Seilen, Gardinenschnüren oder Kreppband), sodass die neuen Buchstaben von den Kindern in verschiedenen Fortbewegungsarten erkundet, erlebt, begangen oder balanciert werden können

– Buchstabenstraßen werden mit dem genannten Material gelegt oder mit Kreide auf den Boden, den Tisch oder die Tafel gemalt. Der Buchstabe wird dabei mit zwei parallelen Linien gemalt bzw. gelegt, sodass zwischen den parallelen Linien eine „Straße" entsteht. Jetzt können die Kinder mit Spielzeugautos, Murmeln oder Fingerpüppchen den Verlauf des Buchstabens spielerisch nachfahren.

– Alle Kinder gehen vor die Tür. Ein Kind oder die Lehrkraft versteckt den neuen Buchstaben (geschrieben, als Keks, geknetet, mit Schnüren gelegt oder aus Perlen gestaltet) gut sichtbar im Klassenzimmer. Still betreten die Kinder den Raum und beginnen zu suchen. Wer den Buchstaben gefunden hat, setzt sich unauffällig hin.

- In einer Zeitung Wörter mit dem neuen Buchstaben finden und ausschneiden
- Muster drucken mit dem neuen Buchstaben
- Den Buchstaben mit dem Körper darstellen
- Den Buchstaben aus mehreren Kindern legen
- Wörter pantomimisch vorspielen, in denen der neue Buchstabe vorkommt

Buchstaben „blind" ertasten

Kinder, die die Augen verbunden haben, versuchen einen Buchstaben zu ertasten, den andere Kinder mit ihrem Körper gelegt haben

Kinder sollen verschiedene Buchstaben, die mit Schnüren oder Schmirgelpapier auf Pappe geklebt wurden, blind sortieren und Behältern zuordnen, die ebenfalls mit diesen Buchstaben ausgestattet sind.

Variation: Aus ertasteten Buchstabenkarten „blind" Wörter legen.

Aufsatztanz

Die Kinder sitzen an ihren Tischen, auf jedem Tisch liegen nur Papier und Bleistift. Zu Beginn fangen alle an, einen Aufsatz mit freiem Thema zu schreiben. Musik wird gespielt. Alle Kinder verlassen ihren Tisch und bewegen sich nach der Musik frei durch den Raum. Wenn die Musik gestoppt wird, sucht sich jedes Kind einen neuen Platz, liest sich den dort liegenden Aufsatzanfang durch und schreibt nach eigenen Vorstellungen weiter. Dann wieder Musik – freies Bewegen – Musikstopp: An einem wiederum neuen Platz wird der dort liegende Aufsatz fortgesetzt. Und wieder Musik – freies Bewegen usw. – bis zum letzten Musikstopp: Jetzt ist ein Schlusssatz zu finden – Musik – jeder geht auf seinen ursprünglichen Platz zurück. Es wird vorgelesen und die besten, lustigsten, traurigsten, verrücktesten Kurzaufsätze werden für die Klassenzeitung ausgewählt.

Anfang – Mitte – Ende

Je nachdem, an welcher Stelle eines Wortes die Kinder den gesuchten Laut hören – vorn im Wort, in der Mitte des Wortes oder hinten im Wort –, zeigen sie dies durch ihre Körperhaltung an: Findet sich der gesuchte Laut vorn im Wort, so legen sich alle Kinder vornüber, mit dem Oberkörper auf ihren Tisch oder auf den Boden. Steht der Laut hinten im Wort, so lehnen sich die Kinder nach hinten oder legen sich auf den Rücken. Befindet sich der Laut in der Mitte des Wortes, dann stehen die Kinder aufrecht und damit sozusagen in ihrer Mitte.

Laufdiktate

Zettel mit Diktaten werden überall im Klassenzimmer und im Flur angeheftet. Die Kinder laufen zu den Diktaten, merken sich ein Stück dessen, was sie schreiben sollen, laufen zurück auf ihren Platz und schreiben es auf – so lange, bis sie den gesamten Diktattext auf ihrem Blatt haben. (Es sind sowohl verschieden schwere Diktate möglich, sodass den lese- und schreibschwachen Schülern auch die Möglichkeit geboten wird mit Erfolg teilzunehmen und auf ihrem Entwicklungsstand gefordert und gefördert zu werden, als auch gleiche Diktattexte, mit deren Hilfe man erkennen kann, wie der Entwicklungsstand in der Klasse insgesamt ist.)

Variation: Bei Klassen, mit denen man in dieser Weise schon öfter Aufgaben erledigt hat, bietet es sich an, die Lauf- und Gehformen zu variieren, zu erweitern und sogar zu mischen.

Gegensätze finden

Die Kinder ziehen Kärtchen mit Wörtern. Bei Musikbeginn bewegen sich alle Kinder frei in der Klasse. Wenn die Musik stoppt, liest jedes Kind zuerst sein Kärtchen und versucht dann, das Kind mit *dem* Kärtchen zu finden, auf dem der Gegensatz zu seinem eigenen Wort steht: „klein" sucht „groß", „hell" sucht „dunkel" usw. Die Kinder rufen laut ihr eigenes, erlesenes Wort, sprechen miteinander und beraten sich, ob sie als Gegensatz zueinander gehören.)

Variation: Dieses Spiel lässt sich gut variieren, indem man es auf die verschiedenen Zeitformen der Verben anwendet (Ich stehe – ich stand usw.) oder auf die Steigerung der Adjektive (gut, besser, am besten usw.) oder zum Vertiefen und Verstehen von Vokabeln (*right hand, left hand, head, leg* usw.).

Worttheater

Zwei oder mehrere Kinder gehen vor die Tür und denken sich ein Wort aus. Sie stellen sich dann auf einen Tisch und eins der Kinder klatscht den anderen zuerst einmal die Anzahl der Buchstaben des gesuchten Wortes vor (zum Beispiel: Schulhof = achtmal klatschen). Die Klasse schreibt sich die Anzahl der gesuchten Buchstaben auf. Das nächste Kind auf dem Tisch stampft nun die Zahl der Silben des gesuchten Wortes vor (Schulhof = zweimal stampfen); die anderen Kinder schreiben sich die Anzahl auf. Nun spielen die Kinder auf dem Tisch das Wort pantomimisch vor. Diejenigen Kinder, die Meinen, das Wort durch Buchstabenanzahl, Silbenzahl und Pantomime erkannt zu haben, schreiben das Wort auf einen Zettel und beginnen ebenfalls pantomimisch mitzuspielen. Nach einer vereinbarten Zeit wird das Geheimwort laut gesagt und die ganze Klasse spielt das Wort .

Es empfiehlt sich, dieses Spiel zuerst mit einfachen Wörtern und leicht erkennbaren pantomimischen Gesten einzuführen und dann den Schwierigkeitsgrad allmählich zu steigern.

Silben-Hüpfspiel

Jedes Kind zieht ein Bildkärtchen oder malt eines. Bei Musik gehen alle Kinder durch die Klasse. Die Musik stoppt. Eine Ziffer wird an die Tafel geschrieben. Jetzt steigen alle Kinder, deren Wort ebenso viele Silben hat, wie die angeschriebene Ziffer angibt (Beispiel Eisenbahnabteil = 5), auf einen Tisch; jedes Kind sagt sein Wort und hüpft dazu die Anzahl der Silben. Neues Gehen nach Musik, neue Zahl, andere Kinder stellen ihre Wörter vor.

Fotografieren

Ein Kind schließt die Augen. Dann führt ein anderes Kind dieses „blind" durch die Klasse. Bei verschiedenen Gegenständen (zu Anfang nicht mehr als drei!) bleiben die Kinder stehen. Das „Führkind" richtet den Kopf des „blinden" Kindes vorsichtig auf einen Gegenstand und gibt ihm durch Druck auf die Schulter zu verstehen, dass es nun für einen kurzen Augenblick die Augen öffnen und sich merken soll, was es gesehen hat. Ein unterstützendes lautes „Klick" löst sozusagen den Fotoapparat aus. Nach zwei oder drei fotografierten Bildern gehen die Kindern an ihren Tisch, die Bilder werden „entwickelt". (Der Rücken des fotografierenden Kindes wird mit Kreisbewegungen massiert und dazu wird gesagt: „Entwickle, entwickle ...") Das Kind, das fotografiert hat, benennt nun, was es gesehen hat, oder schreibt es auf. Danach wechseln die Kinder die Rollen.

Oma besuchen

Zwei Kinder haben ein Blatt Papier vor sich, jedes Kind nimmt einen Bleistift in die Hand – das eine rechts, das andere links. Die Handrücken der Kinder werden so aneinander gelegt, dass jeder Stift dabei auf dem Papier malen kann. Ein Kind ist nun der Fahrer des „Autos", das zur Oma fährt. Der Fahrer bestimmt, wohin der Weg gemalt wird. Das andere Kind lässt sich mitnehmen. Beide Bleistifte malen dabei anregende Muster. Dann wird gewechselt.

Für die Kinder ist es interessant zu erleben, wie es ist, wenn sie einmal der aktive, einmal der passive Teilnehmer dieses Spiels sind. Das gemeinsam gestaltete Ergebnis verschafft Freude. Wenn Zeit ist, können die Kinder das gemeinsam erzielte Ergebnis zusammen ausmalen, indem sie jedes entstandene Feld mit einer anderen Farbe anmalen. Wird dazu Entspannungsmusik gespielt, so ist die Wirkung ähnlich wie beim Erstellen eines eigenen Mandalas.

Schwünge tanzen

Nach Kinderliedern, Popmusik oder klassischer Musik tanzen wir Schwünge mit unserem ganzen Körper. Bevor die Schwünge (in Form von Buchstaben) auf dem Papier auftauchen, erleben die Kinder sie mit ihrem Körper. Oder wir stellen uns zum Beispiel (in Verbindung mit einer vorher erzählen Geschichte) einen riesigen Berg aus Brei oder Matsch vor, in den wir mit unseren Fingern Löcher stechen wollen. Bei Musikbeginn beginnen alle ringsum von unten nach oben oder umgekehrt mit den Fingern Löcher in den Berg zu stechen. (Dies ist die Vorbereitung für das Schreiben eines Punktes.)

Oder wir stellen uns vor, unsere einzelnen Körperteile wären ein Auto oder Flugzeug, das auf einer Geraden von einer Stelle zur anderen fährt oder fliegt (rechter Fuß, linker Fuß, rechtes Knie, linkes Knie, Po, Kopf, rechter Arm, linker Arm, rechte Faust, linke Faust, rechter Daumen, Zeigefinger, Mittelfinger, Ringfinger, kleiner Finger, linker Daumen, Zeigefinger, Mittelfinger, Ringfinger, kleiner Finger). Das Auto oder Flugzeug macht diese Bewegung ziemlich langsam (bei der Musikauswahl darauf achten, dass die Musik dem entspricht) und die Augen sind die Überwachungszentrale, die beobachtet, ob das Auto bzw. das Flugzeug auch gerade fährt oder fliegt. (Das ist die Vorbereitung für das Schreiben gerader Striche.)

Nächster Schritt: Wir wiegen unseren Körper nach Musik; wir stellen uns vor, wie wir auf Wellen schaukeln. Die Schultern führen die Bewegung an. Unsere Hände und Arme malen Wellen und Wogen in die Luft, unser Kopf schaukelt wie auf Wellen (Achtung: nur zur Seite und nach vorn, damit die Wirbelsäule geschont wird!). Die Hüften, dann die Knie und – in Rückenlage – die Füße schaukeln. Schließlich können alle genannten Körperteile gemeinsam schaukeln. (Vorbereitung für u- und w-Schwünge)

Nächster Schritt: Wir sind Hasen und machen Hasensprünge nach vorne, wobei die Arme den Bogen nach vorne vormachen. Wir hüpfen beidbeinig über kleine Hindernisse und malen zuletzt Berge mit unseren Händen, Füßen, mit unserer Nase ... in die Luft. (Vorbereitung für m-Schwünge)

Nächster Schritt: Wir machen Spiele mit dem Chiffontuch: „Die hübsche Dame (= Chiffontuch) fährt in ihr Haus" (die rechte Hand mit Tuch fährt diagonal hoch zur linken Seite, dort übernimmt die linke Hand das Tuch und geht in die Ausgangsstellung zurück. („Die hübsche Dame geht heim, die Haustür schließt sich.") Die linke Hand mit Tuch fährt diagonal hoch, die rechte Hand übernimmt das Tuch und geht in die Ausgangsstellung zurück. (Vorbereitung für Diagonalen)

Wir spielen die „Gartenzwerge-Hitparade" und marschieren mit Überkreuzbewegungen durch die Klasse.

Wir spielen Roboter und überkreuzen die rechte Hand und das linke Bein (beide zur gleichen Zeit anheben).

Wir krabbeln als Hunde, Esel, Affenbabys usw. (Vorbereitung für alle Überkreuzmuster)

2. Rechenspiele

Rechenspiel / Ergänzen

Dies ist ein Spiel ohne Worte. Zwei Kinder gehen vor die Tür und verabreden eine Zahl, zum Beispiel 20. Diese Zahl ist ihr gemeinsamer „Familienname". Jedes Kind hat aber auch einen „Vornamen". Dieser Vorname könnte zum Beispiel bei einem Kind die 8 sein, beim anderen Kind wäre es dann die Zahl 12, denn: Die Vornamen der Kinder sollen einander immer zum Familiennamen ergänzen (hier 20).

Nun kommen die beiden Kinder herein und stellen sich auf einen Tisch. Sie sagen laut ihren Familiennamen (oder zeigen ihn aufgeschrieben auf einem Blatt Papier). Das erste der beiden Kinder beginnt nun seinen „Vornamen" zu klatschen. (Für den Vornamen bzw. die Zahl 8 klatscht das Kind achtmal usw., ein Klatschen = ein Zähler.) Die anderen Kinder müssen nun ausrechnen, wie der Vorname des zweiten Kindes lautet. Da sie den „Familiennamen" und *einen* „Vornamen" kennen, geht es um das Ergänzen. Die Kinder melden sich (weiterhin stumm). Das zweite der beiden vorführenden Kinder zeigt auf ein Kind seiner Wahl. Dieses soll nun den errechneten Vornamen des zweiten Kindes klatschen (also hier zwölfmal). Ist die Antwort richtig geklatscht, gibt es Applaus von der Klasse (dies bedeutet Mitrechnen für alle). Die beiden vorführenden Kinder gehen zu dem Kind hin und schütteln ihm – immer noch schweigend – die Hand. Dann gehen zwei neue Kinder vor die Tür ...

Variation: Das Spiel kann mit jeder beliebigen Anzahl von Kindern und in verschiedenen Klassenstufen gespielt werden. Bei jüngeren Kindern arbeitet man nur mit dem Klatschen.

Ältere Kinder können dieses Spiel mit Einern, Zehnern und Hundertern spielen: Man zeigt einen Einer durch einmaliges Schnipsen mit dem Finger an, einen Zehner durch ein Klatschen mit der Hand und einen Hunderter durch ein Stampfen

mit dem Fuß. (Beispiel 231 = zweimal stampfen, dreimal klatschen, einmal schnipsen; vgl. Foto)

Ziffern und Zahlen klatschen und stampfen

Addieren und Subtrahieren

Dieses Spiel wird ähnlich wie das Ergänzungsspiel vorwiegend stumm und pantomimisch gespielt. Die Mengen (Zahlen) werden wieder durch Klatschen angegeben.

Zwei Kinder stehen für alle gut sichtbar auf dem Tisch. Ihre eigene Menge (Zahl) verraten sie uns durch Klatschen (zum Beispiel: erstes Kind klatscht dreimal = 3, zweites Kind klatscht zweimal = 2).

Um nun zu wissen, ob die Kinder eine Minus- oder eine Plusaufgabe spielen, verabreden wir vorher, dass Plusaufgaben durch Umarmen (bei älteren Kindern durch Nebeneinanderstellen) angezeigt werden. Minusaufgaben zeigen wir durch Von-einander-Weggehen an (bei kleinen Kindern unterstützt durch Winken).

Die beiden Kinder kommen also in die Klasse, stellen sich auf den Tisch und beginnen der Klasse ihre Aufgabe vorzuspielen. Die Kinder verfolgen aufmerksam die gespielte Aufgabe und rechnen. Wer sich meldet, wird durch Handzeichen der beiden vorspielenden Kinder aufgefordert die Antwort zu klatschen. Ist die Antwort richtig, klatscht die ganze Klasse Beifall. Die vorspielenden Kinder gehen Hin und schütteln zur Bestätigung der richtigen Antwort die Hand. Zwei neue Kinder spielen eine andere Rechenaufgabe ...

Variation: Eine Veränderung bzw. Steigerung der Anforderung kann erfolgen, indem Einer durch Schnipsen, Zehner durch Klatschen und Hunderter durch Stampfen mitgeteilt werden.

Größer als ... und kleiner als...

Die Kinder stehen vor ihren Tischen. Es wird eine Zahl an die Tafel geschrieben. Nun werden nacheinander (von der Lehrkraft oder einem vorher bestimmten Kind) Zahlen genannt, aufgeschrieben oder gut sichtbar hoch gehalten. Ist die benannte bzw. gezeigte Zahl größer als die Zahl an der Tafel, so steigen alle Kinder auf ihre Tische und zeigen durch ihr Nach-oben-Steigen den höheren Wert dieser Zahl an. Ist die genannte bzw. gezeigte Zahl kleiner, so kriechen die Kinder unter ihre Tische. Ist die Zahl die gleiche wie die an der Tafel,

Viel Spaß beim Rechenspiel „Größer als ... und kleiner als ...“

so bleiben sie einfach vor ihrem Tisch stehen. Dies ist ein vergnügliches, oft lebhaftes Spiel, bei dem die Kinder intensiv mitspielen (vgl. Foto 37 Seite 126) und die Wertigkeit von „mehr" oder „weniger", „größer" oder „kleiner" in Bezug auf Mengen und Zahlen im mathematischen Raum noch einmal durch den Körpereinsatz und die Körpererfahrung nachvollziehen. Falsche Angaben werden von den Kindern selbst korrigiert; der Lehrer registriert, aber kommentiert nicht. Das Spiel gibt Aufschluss darüber, wie und mit welchem Kind noch in dieser Richtung vertiefend gearbeitet werden muss – auch eine gute Rückmeldung für die Arbeit des Lehrers.

Zahlenfolgen

Vor der Klasse wird mit Kreppband ein Zahlenstrahl auf den Flurfußboden geklebt. (Dies ist preiswert, lässt sich leicht wieder beseitigen und wird daher auch von Hausmeistern akzeptiert.) Wenn wir morgens in die Klasse kommen, hüpfen wir auf dem Zahlenstrahl in unsere Klasse (vorwärts von 1 bis 10 oder 1 bis 20). Klingelt es zur Pause, hüpfen wir rückwärts in die Pause (von 10 bis 1 oder von 20 bis 1). Wenn ich als Lehrkraft dieses Hüpfen ohne große Erklärungen einige Male gemacht habe, machen es die Kinder von selbst und ohne große Aufforderung zu allen möglichen Gelegenheiten mit Freude nach und erfahren so spielerisch die Zahlenfolge.

Variation: Ich kann den Zahlenstrahl auch in Zehnerschritten anlegen oder in Zweier-, Dreier-, Viererschritten usw., um so das Erlernen des Einmaleins spielerisch zu unterstützen.

Mengen, Ziffern und Zahlen erkennen und verinnerlichen

Um Mengen zu verstehen, setzen die Kinder ihren ganzen Körper und die vielen Möglichkeiten der Körperbewegung ein. Es ist ein immer wieder neues Spiel und immer wieder ein neuer Spaß.

Die Kinder stehen im Kreis. Ein Kind macht eine Bewegung vor. Ein anderes Kind zeigt/ruft eine Zahl. Die Bewegung wird dementsprechend oft von jedem Kind nachgemacht. (Beispiel: Ein Kind streckt die Zunge heraus, ein anderes ruft "sechs" – alle Kinder strecken sechsmal die Zunge heraus.)

Variationen: Die Zahl wird nicht gerufen, sondern aufgeschrieben und dann gezeigt, die Kinder machen dementsprechend oft die Bewegung.

Die Zahl wird gerufen, dazu wird ein Foto oder eine Zeichnung von einem Körperteil hochgezeigt. Alle Kinder machen – der gerufenen Zahl entsprechend – Bewegungen oder „Kunststücke" mit diesem Körperteil.

Zahl und Körperteil werden gezeigt und es beginnt ein stummes, abgezähltes Bewegen.

Reihenfolgen erleben

Dieses Spiel wird am besten in der Turnhalle oder in einem Klassenraum gespielt, in dem man die Stühle und Tische zur Seite gerückt hat. Jedes Kind bekommt ein Kärtchen mit einer Ziffer (zwischen 0 und zum Beispiel 20). Wenn man kleinere Mengen (zum Beispiel 6) erarbeiten will, nimmt man Zahlenkärtchen in verschiedenen Farben, hat dann also die Ziffern 0 bis 6 in Rot, in Blau, in Gelb usw. Jetzt gehen alle Kinder zur Musik im Raum herum. Wenn die Musik stoppt, wird die Aufgabe gestellt, seinen Vorder- oder seinen Hintermann zu finden. So entsteht eine lange Reihe. Bei farbigen Kärtchen finden sich so viele Reihen, wie Farben vorhanden sind.

Variation: Die Aufgabe heißt nun, alle Zahlen aus der Zweier-, Dreier- oder Viererreihe treffen sich, die anderen Kinder legen sich auf den Boden. Wir schauen gemeinsam nach, ob die Zahlen stimmen, und sortieren sie.

Zahlen-Staffel-Spiel

Dieses Spiel wird ebenfalls in der Turnhalle oder in „geräumten Klassenräumen" gespielt. Die Klasse wird in mindestens zwei Mannschaften eingeteilt. Die Mannschaften stellen sich hinter einer Startlinie reihenweise auf. Bei Musikbeginn läuft das erste Kind jeder Mannschaft zur gegenüberliegenden Seite des Raumes los. Dort liegt – jeder Mannschaft gegenüber – je ein Stapel Pappschilder, die mit den Zahlen von 0 bis zum Beispiel 10 beschriftet sind. Diese „Pappen" liegen wahllos durcheinander. Das erste Kind muss nun aus dem Stapel die 0 heraussuchen, um sie als erste in eine Reihe zu legen. Es läuft zurück, tippt das nächste Kind seiner Mannschaft an und dieses läuft los, um nach der 1 zu suchen und sie hinter die 0 zu legen. So setzt sich das Spiel fort, bis die Mannschaften die Reihenfolge 0 bis 10 gelegt haben. Wer dieses Spiel nicht als Gewinnspiel anbieten möchte, kann alle die Mannschaften als Gewinner ausrufen, die die Spielregeln eingehalten haben und die Reihenfolge der Ziffern richtig gelegt haben.

Variationen: Das Spiel kann im höheren Zahlenbereich gespielt werden (zum Beispiel auch mit Zehnern, Hundertern und Tausendern).

Es kann als Einmaleins-Spiel gespielt werden: Jetzt müssen alle die Zahlen aus dem Pappstapel herausgesucht werden, die in die Zweier-, Dreier- oder Viererreihe ... passen, und nach dem Einmaleins aufgereiht werden. Das Spiel kann auch variiert werden, indem man zwischendurch verschiedene Fortbewegungsarten angibt oder hoch zeigt (zum Beispiel Krabbeln, Hüpfen, Rückwärtsgehen, blindes Gehen, Tanzen usw.).

Mengen tragen

Dies ist ein Spiel für die Wiese, den Schulhof oder die Halle. Je vier Kinder bilden eine Gruppe. Je nach den äußeren Gegebenheiten laufen immer zwei oder mehr Gruppen auf ein Zeichen (Einsatz von Musik, farbiges Zeichen oder Geräusch) los, um gemeinsam eine Turnmatte zu der anderen Platz- oder Hallenseite zu bringen. Dort wird die Matte mit einer bestimmten Anzahl von Dingen (Kastanien, Steine, Löffel oder Ähnliches) beladen und dann wieder gemeinsam zurück zum Start transportiert.

Die Anzahl der Dinge, die sie aufladen sollen, erfahren die Kinder durch Lesen einer Zahl, die auf einem umgedrehten Blatt Papier neben den Materialien auf der anderen Seite der Halle liegt.

Gewonnen hat, wer keinen Mitspieler unterwegs (etwa durch zu schnelles Laufen) verloren und die angegebene Menge wirklich gebracht hat. (Das Aufladen verlorener Materialien unterwegs ist erlaubt.)

Variationen: Anstelle von Turnmatten können Tischdecken, Stoffreste oder Ähnliches verwendet werden.

Die Aufgabenstellung kann erschwert werden, indem man anstelle einer Zahl eine Aufgabe verdeckt an die andere Seite legt (zum Beispiel 54 : 9), um so viele Dinge transportieren zu lassen, wie ausgerechnet wurde (hier 6).

Bei älteren oder geübten Kindern ist das Spiel auch reizvoll, wenn man es „blind" spielen lässt. Allerdings ist es dabei wichtig, den zu gehenden Weg durch Materialien zu kennzeichnen, zum Beispiel durch Seile abzuspannen oder mithilfe von Teppichfliesen barfuß ertasten zu lassen . Die Zahl am Ende der Strecke kann aus Knete, Ton oder Sandpapier gebildet sein.

Einmaleins-Stern

Zehn Kinder stehen in einem Kreis, jedes Kind verkörpert eine Zahl von 0 bis 9. Das Kind, welches die erste Zahl der Einmaleins-Reihe hat, die gespielt werden soll, hat ein Wollknäuel (noch besser geeignet sind gehäkelte lange Schnüre) in der Hand. Es beginnt damit, dass es die nächste Zahl seiner Einmaleins-Reihe benennt und das Knäuel dem Kind zuwirft, das diese Zahl verkörpert. Dabei behält es jedoch den Anfang des Wollfadens in der Hand. Die Wolle, die in der 4-er-Reihe jetzt bei der 8 ist, wird nun von dem „8-Kind" zum „12-Kind" geworfen, wobei das Kind auch laut „12" ruft und sein Stück Wolle weiterhin festhält. Da nur 10 Kinder im Kreis stehen, erfüllt jede Zahl von 0 bis 9 die Aufgabe in jedem Zehner. Das „0-Kind" steht und reagiert für die Zahlen 0, 10, 20, 30, 40 ...; das „1-Kind" verkörpert die Zahlen 1, 11, 21, 31, 41, 51 ...; das „2-Kind" die Zahlen 2, 22, 32, 42, 52, 62, 72 ...; das „3-Kind" die Zahlen 3, 33, 43, 53, 63, 73, 83 ... Das „12-Kind" hält sein Stück Wolle fest, ruft „16" und wirft das Knäuel zur 16. Die 16 hält fest, ruft „20" und wirft zur 20, die zur 24, die zur 28 – zuletzt zur 40. Ein wunderschöner Stern ist entstanden, der in jeder Einmaleins-Reihe anders aussieht.

Somit können alle Reihen des kleinen Einmaleins gespielt werden. Ist bei der Viererreihe die Zahl 40 erreicht, der Stern begutachtet und eventuell im Vergleich zu einer anderen Reihe betrachtet worden, wird die Reihe nun rückwärts gespielt.

Variation: Anstatt die Reihe rückwärts als einfaches Rechenspiel zu spielen, mögen die Kinder gern Abweichungen, so zum Beispiel: „Sage der Zahl etwas Nettes, wenn du sie aufrufst!" Oder: „Wünsche ihr etwas für den Tag!" Oder: „Nenne die Zahl und sage ihr, in welcher Reihe sie auch noch vorkommt!"

Die Null soll erraten werden.

Ziffern und Zahlen mit dem Körper legen

Es werden Gruppen von je drei Kindern gebildet. Die erste Gruppe zieht ein Kärtchen. Auf diesem Kärtchen, das von den Kindern oder der Lehrkraft vorbereitet wurde, ist eine Ziffer (von 0 bis 9) zu sehen. Die drei Kinder legen mit ihren Körpern diese Ziffer, die vom Rest der Klasse erkannt werden soll. (Vgl. Foto oben) Dabei stehen alle zuschauenden Kinder auf einer Seite, damit die Zahl nicht spiegelverkehrt oder auf dem Kopf zu lesen ist! Die nächste Gruppe zieht ihre Ziffer und legt sie mit den eigenen Körpern nach. Die anderen raten ...

Variationen: Auf dem zu lesenden Kärtchen steht keine Ziffer, sondern die Ziffer ist in Buchstaben ausgeschrieben.

Die Ziffer, die zu legen ist, ist die Lösung eines Rätsels, das zunächst bearbeitet werden muss. („Wie viele Beine hat ein Hund?" – „Welche Zahl reimt sich auf Brei?" – „In dem Wort Oma ist ein Buchstabe, der sieht aus wie eine Zahl!" – „Welche Zahl ist um eins größer als acht?")

Flöhe raten

Dies ist ein Partnerspiel. Ein Kind ist „eingeschlafen". Es sitzt oder liegt gemütlich auf dem Stuhl, Tisch oder Boden und hat die Augen geschlossen. Die Finger des anderen Kindes sind „Flöhe". Sie setzen sich auf verschiedene Körperteile des „Schlafenden". Dieser benennt im Traum die Zahl der „Flöhe". Wichtig ist, dass man dieses Spiel wirklich erst mit einem und zwei Fingern beginnt, da es für die Kinder im Allgemeinen schon sehr schwer ist, die Unterscheidung zwischen einem und zwei Fingern zu spüren. Später kann man mit mehreren Fingern weiterarbeiten.

Vorschalten sollte man kleine Fingerspiele und Übungen taktiler Art, die zur gegenseitigen Berührung anregen.

Kommt ein Mann die Treppe hoch

Das alte Kinderspiel „Kommt ein Mann die Treppe hoch" wird hier als Partnerspiel genutzt, um zu zählen und Mengen über taktile Empfindungen zu erfassen. Nachdem das Spiel in der Klasse längere Zeit an der eigenen Person ausprobiert wurde, sodass die Kinder den Text und das taktile Empfinden dabei kennen, spielen wir es zunächst in der alten und bekannten Form miteinander.

Jetzt ist es aber Nacht im Haus des Mannes und das Kind, das mit seinen Fingern die Treppe hochgeht, darf nicht mehr reden; das andere Kind hat, da es Nacht ist, die Augen geschlossen. Während das eine Kind mit seinen Fingern den Arm (das Treppenhaus) hoch geht, zählen beide leise die Schritte des Mannes (jeder Fingertipp ist eine Stufe). Ist der Mann (sind die Finger) oben angekommen, macht er „Klinge-ling" (am Ohr leicht zupfen), das andere Kind öffnet die Augen und ruft die Zahl.

Schnapp-Heini

Je zwei Kinder spielen zusammen. Jedes Kind hat einen Zettel vor sich, auf dem die Zahlen 1 bis 10 in zwei oder mehr Reihen untereinander aufgeschrieben sind.

1   2   3   4   5   6   7   8   9   10

Ein Kind beginnt mit zwei Würfeln zu würfeln. Es streicht in der obersten Reihe auf seinem Zettel die Zahlen aus, die es mit seinen Würfelzahlen errechnen kann. Also: Hat das Kind eine 2 und eine 6 gewürfelt, so kann es zuerst die 2 und die 6 in der obersten Reihe ausstreichen. Da 2 plus 6 = 8 ergibt, streicht es auch die 8 aus. Ebenfalls die 4, denn 6 minus 2 = 4. Jetzt darf das Kind nochmals würfeln, um mit den neuen Zahlen noch mehr zu errechnen und weitere Zahlen in seiner Reihe ausstreichen zu können. Solange das Kind beim Würfeln wenigstens noch eine Zahl streichen kann, ist es weiter an der Reihe. Danach ist diese erste Reihe auf dem Zettel beendet und abgeschlossen. Die Zahlen, die das Kind durch seine Rechnungen oder gewürfelten Zahlen *nicht* streichen konnte, werden farbig eingekreist.

Das zweite Kind ist an der Reihe. Es streicht in seiner ersten Reihe ebenfalls die gewürfelten Zahlen aus, rechnet mit den Zahlen und streicht aus, bis es die letzen Zahlen, die sich *nicht* mehr durch Würfeln oder Rechnen ergeben, farbig einkreist.

Das erste Kind beginnt dann sein Spiel mit der zweiten Reihe ... Haben beide Kinder ihre Reihen erspielt, wird die Anzahl der eingekreisten Ziffern ermittelt. „Schnapp-Heini" ist der, der am wenigsten eingekreiste Ziffern hat.

Variationen: Bei älteren Kindern kann der Zahlenraum erweitert werden, sodass zusätzlich mit Multiplikation und Division gearbeitet werden kann.

Ebenso ist es möglich, drei oder mehr Würfel einzusetzen, um schwierigere Anforderungen zu bekommen.

Magische Zahl

Die Kinder bewegen sich nach Musik im Raum. Beim Stopp der Musik wird eine Zahl gerufen. Sofort finden sich in verschiedenen Parallelgruppen jeweils so viele Spieler, wie die gerufene Zahl es anzeigt, zusammen. Da dies nicht immer aufgeht (nicht jede Anzahl der anwesenden Kinder lässt sich gleichzeitig durch 2, 3, 4 usw. teilen), ist es erlaubt, sich von den bereit liegenden Puppen eine oder gegebenenfalls zwei dazuzuholen, um die vollständige Menge in der Gruppe darzustellen. Hat sich nun zum Beispiel die Menge 3 gefunden, bekommt diese Gruppe eine gemeinsame Aufgabe; zum Beispiel sollen die Kinder dieser Gruppe an den Händen gefasst durch den Raum hüpfen oder sich gegenseitig streicheln oder eine Eisenbahn bilden und fahren, ohne andere anzustoßen, oder eingehakt rückwärts gehen, ohne anzustoßen usw.

Radiergummi-Schule

Zwei Kinder stehen sich mit einem Radierer gegenüber. Der eine wirft dem anderen den Radiergummi zu und sagt dabei eine Zahl bis 6. Das Kind, das den Radierer gefangen hat, wirft ihn so oft in die Luft, wie es die Zahl verlangt. Jetzt wird gewechselt. Das andere Kind bekommt die Zahl zugerufen und wirft den Radierer in die Luft.

In der zweiten Runde wird der Radierer von einer Hand so oft wie vorgegeben in die andere Hand übergeben.

In der dritten Runde wird mit dem Radierer auf dem Kopf so oft um den Stuhl herumgegangen, wie es die Zahl verlangt.

Variation: In der vierten Runde kann das Spiel auch mit einem Würfel gespielt werden, indem jedes Paar die Aufgaben auswürfelt.

Rundes Rechen-Hüpfkästchen

Das Spielfeld für dieses Spiel kann gut auf den Schulhof gemalt oder am Boden der Turn- oder Pausenhalle aufgeklebt werden.

Am Boden wird also ein Kreis aufgemalt oder aufgeklebt, der in acht gleich große Teile aufgeteilt wird. Diese Felder werden nun als Hüpfkästchenbenutzt. Dabei muss das Kind Folgendes machen: Es steht mit jedem Bein in je einem der aufgeteilten Felder. Jetzt springt das Kind mit dem rechten Bein in das Feld, in dem zuerst das linke Bein stand, das linke Bein wird angehoben. Nun springen beide Beine wieder gleichzeitig um ein Kästchen weiter, wobei das linke Bein nun in dem Kästchen steht, in dem zuerst das rechte Bein war, und das rechte Bein steht in einem neuen Kästchen, direkt neben dem Kästchen des linken Beins. Das rechte Bein geht wieder in das Feld des linken Beins, das linke Bein in die Luft, beide Beine stehen dann wieder nebeneinander in den nächsten Kästchen ...

Während des Hüpfens zählen die Kinder „eins, eins" (zuerst beide Beine absetzen und „eins" sagen, danach rechtes Bein absetzen, linkes Bein in die Luft und „eins" sagen), dann „zwei, zwei" (beide Beine, linkes Bein, rechtes in die Luft), „drei, drei" usw. (Das Aufsagen „eins, eins" ist die Aufgabe beim einfachen Zählen; wäre die Aufgabe das Benennen von Städten in Deutschland, so würde das Kind beim Hüpfen „Berlin, Berlin", „Frankfurt, Frankfurt" o. Ä. sagen.)

Das Spiel wird entweder so lange von einem Kind gespielt, bis es eine Runde des Hüpfkastens gehüpft hat, ohne die Striche beim Hüpfen zu berühren und ohne falsch zu zählen, oder bis eine bestimmte Reihe (Zählen bis 10 oder bis 20) fertig ist und das Kind dabei weder die Striche des Hüpfkästchens betreten noch falsch gezählt hat. Jetzt erst kommt das nächste Kind an die Reihe. Tritt das Kind beim Hüpfen auf die Striche oder zählt es falsch, kommt das nächste Kind an die Reihe und das erste Kind muss die Aufgabe später noch einmal versuchen.

Variationen: Das Spiel lässt sich erweitern, indem in der nächsten Runde rückwärts gezählt wird; ältere Kinder spielen das Spiel gern mit dem Einmaleins: 2, 2,(beide Beine, rechtes Bein), 4, 4, (beide Beine, rechtes Bein), 6, 6 bzw. 3, 3; 6, 6; 9, 9; 12, 12; 15, 15 usw.

Mein rechter Platz ist leer

Die Kinder sitzen im Stuhlkreis, jedes Kind hat ein Kärtchen mit einer Zahl um den Hals. (Je nach Klassenstärke und Kenntnisstand der Kinder kann man auch mehrere gleiche Zahlen verteilen, diese aber in verschiedenen Farben malen, sodass es eine Unterscheidungsmöglichkeit gibt.) Ein Stuhl im Kreis ist frei. Das Kind, das links neben dem freien Platz sitzt, beginnt mit dem Spiel und sagt: „Mein rechter, rechter Platz ist leer, ich wünsche mir die ... (zum Beispiel die rote 6) her!" Hier sucht das Kind sich also ein anderes Kind aus, das es gern neben sich sitzen haben möchte, nennt aber nicht dessen Namen, sondern die Zahl auf dessen Kärtchen. Das gerufene Kind kommt, setzt sich neben das Kind, das es gerufen hat, und sagt zum Beispiel: „Liebe gelbe 4, ich komme her, der Stuhl gefällt mir sehr!" Die Zahl des Kindes, das gerufen hat, wird also vom gerufenen Kind benannt. Das Kind, dessen rechter Platz nun leer geworden ist, setzt das Spiel fort: „Mein rechter, rechter Platz ist leer, ich wünsche mir die ... her!"

Variationen: Eine Erweiterung des Spiels ist möglich, indem das rufende Kind noch angibt, auf welche Weise das andere Kind kommen soll (zum Beispiel hüpfend, schleichend, krabbelnd, rückwärts laufend, auf Zehenspitzen usw.).

Das gerufene Kind spricht seinen Satz, klatscht aber – anstatt die Zahl auszusprechen – entsprechend oft in die Hände oder stampft mit dem Fuß: „Liebe gelbe (klatsch, klatsch, klatsch, klatsch), ich komme her, der Stuhl gefällt mir sehr!"

Familie finden

Dieses Spiel bietet sich immer dann an, wenn man Gruppen bilden möchte, die eine neue Mischung der Kinder ermöglichen.

Es ist ein stummes Spiel. Jedes Kind denkt sich eine Zahl von 1 bis 6. (Es kann auch ein Zahl von 1 bis 3 oder von 1 bis 10 sein, je nachdem, was man erreichen möchte.) Wenn die Musik beginnt, gehen alle leise und ohne zu reden durch den Raum. Trifft man jemanden, so gibt man ihm seinen eigenen Namen (=die eigene Zahl) durch Handdruck zu verstehen. Man drückt dem Gegenüber also zum Beispiel dreimal die Hand, wenn man sich diese Zahl ausgesucht hat. Jetzt antwortet das Gegenüber, indem es mir durch Handdruck – ohne zu reden – seine Zahl meldet; zum Beispiel drückt es mir sechsmal die Hand, wenn es sich die 6 ausgedacht hat. Finden sich zwei gleiche Zahlen, so bleiben sie zusammen, suchen aber weiter, ob noch jemand zu ihrer Familie gehört. Erst wenn sich alle Mitglieder der Familie 1, 2, 3 usw. gefunden haben, ist das Spiel beendet. (Vgl. Foto Seite 139) Bleibt ein Kind allein, darf es sich eine Gastfamilie aussuchen, der es angehören möchte.

Eine „Familie" hat sich gefunden.

Zahlen ablaufen

Auf den Boden der Klasse oder des Flurs werden mit Krepp-band große Ziffern geklebt, die von den Kindern abgelaufen, abgekrabbelt, abgehüpft, abbalanciert ... werden können. Musik unterstützt diese Aktionen.

Variationen: Die Kinder bekommen ein Kärtchen mit einer in Buchstaben geschriebenen Zahl in die Hand. Sie lesen ihr Kärtchen vor und laufen die Schreibweise der Ziffer so ab, wie sie auch ins Heft geschrieben wird. Alle Kinder stehen dabei an der gleichen Seite des Raumes. (Hier geht es darum, dass die Schreibweise von Ziffern, die im Unterricht eingeführt wur-de, so verinnerlicht wird, dass sie mit dem ganzen Körper aus-geführt werden kann.)

Die Kinder bekommen einen Ball und rollen oder prellen ihn auf den Linien der aufgeklebten Zahlen so entlang, wie die Zahlen geschrieben werden.

139

Wie viele Schritte darf ich gehen?

Dies ist ein altes Kinderspiel, das man schön zu zweit spielen kann, um das Zählen und die Zahlenfolgen durch Körperberührung und Körperkontakt zu vertiefen und zu verinnerlichen.

Das eine Kind fragt das andere: „Wie viele Schritte darf ich gehen?" Das Kind antwortet zum Beispiel mit „zwei". Das erste Kind „geht" jetzt mit seinen Fingern auf dem Arm des anderen Kindes – angefangen auf dem Handrücken – die angegebene Zahl der Schritte. Das erste Kind fragt erneut: „Wie viele Schritte darf ich gehen?" Der Antwort entsprechend geht es wieder seine Fingerschritte. Das Frage-Antwort-Spiel ist erst beendet, wenn das fragende Kind mit seinen Fingern etwa auf Schulterhöhe des antwortenden Kindes angekommen ist. Nun lautet die Frage des ersten Kindes: „Wie darf ich eintreten?" Das zweite Kind antwortet: „Bitte klingeln!" Oder: „Bitte klopfen!" Oder: „Freier Eintritt!" Bei der Antwort „Bitte klingeln!" zupft das erste Kind am Ohr, bei „Bitte klopfen!" wird die Stirn des zweiten Kindes leicht mit den Zeigefingern „beklopft", bei „Freier Eintritt!" ist alles erlaubt, vom Küsschengeben über Streicheln, leichtem In-die-Wange-Zwicken bis zur angedeuteten Ohrfeige. Ein Spiel mit spannendem Ausgang.

Im Keller ist es duster

Von diesem altbekannten Ratespiel lässt sich ein beliebtes Zählspiel ableiten. Die Kinder haben die Augen geschlossen und singen alle zusammen: „Im Keller ist es duster, da wohnt ein armer Schuster, er hat kein Licht, er hat kein Licht und sieht die liebe Sonne nicht." Dann klopft das Kind, das den Schuster spielt und die Augen offen hat, beliebig oft – nicht zu schnell – auf den Tisch und fragt: „Wie oft hat der Schuster geklopft?" Der Rest der Klasse meldet sich und das aufgerufene Kind klopft die Antwort auf seinen Tisch. Ist die Antwort richtig, heben alle anderen zur Bestätigung die Arme in die Luft oder trommeln mit ihren Fingern Zustimmung auf den Tisch.

Variationen: Bei älteren Kindern kann das Spiel so erweitert und erschwert werden, dass man das Klopfen durch Geräusche mit verschiedenen Gegenständen ersetzt (zum Beispiel einen Ball fünfmal prellen, einen Löffel sechsmal an ein Glas schlagen oder dreimal hörbar ausatmen usw.).

Ebenso kann man vereinbaren, dass Geräusche auf Holz für den Zehner gelten, Geräusche auf anderem Material sind als Einer zu zählen (zum Beispiel dreimal mit dem Bleistift auf den Tisch klopfen = 30, 4 Striche hörbar an die Tafel malen = 4, zusammen 34). Bei diesem Spiel bietet sich an, dass dann die Zahl als Antwort ausgesprochen wird.

Die letzte Variante lässt sich auch als Klassen-Wochenspiel spielen, indem jeden Tag eine solche Aufgabe gespielt wird und jeder sich sein Ergebnis einzeln notiert. Am Wochenende wird dann die Summe aller Spiele errechnet.

Perlen zählen

Perlen werden auf Schnüre gefädelt. Die Ketten kommen in einen Fühlkarton. Ein Kind zählt blind die Perlen, die auf der Schnur sind. Der Partner kontrolliert und schreibt die Zahl auf. Nun müssen die beiden im Wechsel die Zahl durch verschiedene Aktivitäten darstellen (zum Beispiel sechsmal gähnen, sechsmal klatschen; zehnmal winken, zehnmal hüpfen usw.).

Waltraud Steinbauer

Erfahrungen mit Edu-Kinestetik in der Physiotherapie

Seit 1976 arbeite ich in meinem Beruf als Physiotherapeutin. Mein größtes Interesse gilt seither der Neurologie und der Neurophysiologie. Der Grundstein dazu wurde durch eine spezifische Grundausbildung gelegt, die sich Angewandte Entwicklungskinesiologie bewegungsgestörter Säuglinge, Kinder und Jugendlicher nach Dr. Vojta nennt.

Dr. Vojtas Ziel ist das Vermitteln der Merkmale der idealmotorischen Entwicklung. Dadurch soll aufgezeigt werden, auf welcher Entwicklungsstufe (von unserer Geburt bis zum heutigen Tag) wir in Bezug auf unsere Haltung, Sinneswahrnehmung und Reflexe möglicherweise stehen geblieben sind. Das heißt herauszufinden, in welchem Entwicklungsmonat wir uns ein so genanntes „Ersatzmuster" angeeignet haben, um bestimmte Situationen zu bewältigen. Kann ein Erwachsener beispielsweise die Überkreuzbewegung nicht automatisch ausführen, so schließt man daraus, dass das hierfür erforderliche Muster im 6. Monat nicht richtig gebahnt wurde bzw. nicht richtig ausgereift ist. Dies wäre ein Fall, in dem die Bahnung nachgeholt werden muss. (Dennison-Lateralitätsbahnung) Da die Edu-Kinestetik mir diesbezüglich Hilfe zu versprechen schien, habe ich mich darin weitergebildet.

Das selbstständige Entscheiden eines Kindes tritt zum ersten Mal in der Drehbewegung von der Rücken- in die Bauchlage auf und wird in der Krabbelphase noch deutlicher. Diese Phase ist besonders wichtig, da das Kind das erste Mal unabhängig und selbstständig entscheidet etwas zu erreichen; wahrnimmt, was sich verändert, und eigene Erfahrungen macht. Hierbei stellen sich Erfolg und Misserfolg ein. Das Kind lernt so erkennen und gewinnt an Ausdauer. Dabei werden dem Kind die Dimensionen eines Raumes bewusst. Wenn Kinder diese Entwicklung selbstständig bis zum ersten Schritt „durchkrabbeln", fällt ihnen später der erste Schritt bei der Lösung eines Problems leichter.

Mithilfe der Edu-Kinestetik erkannte ich, dass so genannte Haltungsschäden bei einigen Schülern nicht nur durch Muskelschwächen, sondern auch durch andere Faktoren hervorgerufen werden. Im Fall von Haltungsschwächen und stark verkürzter Muskulatur zum Beispiel waren bei einigen Schülern die Ergebnisse der Dehnübungen gleich nach den Schulferien deutlich besser als während der Schulzeit.

Bei allen Haltungsfehlern der Wirbelsäule, der Beine, bei abweichenden Fußstellungen, bei Schmerzen, Lernblockaden und noch vielem mehr ist für mich der wichtigste Beginn: die Arbeit mit den Augen. Arbeiten die Augenmuskeln nicht koordiniert miteinander und hat ein Auge nicht das Oberkommando übernommen oder werden verschiedene Blickrichtungen aus irgendeinem Grund vermieden, so muss der gesamte Körper dies ausgleichen. Dies bedeutet für den ganzen Menschen dann einen hohen Energieverbrauch, wenn zum Beispiel beim Lesen die Augen nicht von Wort zu Wort gleiten können, sondern der ganze Körper ständig „mitgehen" muss. Somit sind Lese- und Schreibschwächen schon vorprogrammiert.

Auch in der Vojta- und der Feldenkrais-Therapie sind die Augenbewegungen der wichtigste Startpunkt für alle Übungen. Durch die Brain-Gym®-Übungen reagieren selbst Säuglinge viel spontaner mit einer symmetrischen Rückenlage. Diese ist Voraussetzung für die richtige Hand-Mund-Koordination, mit der ein Spielzeug beidhändig und genau in der Mittegehalten und exakt mit den Augen fixiert werden kann. Eltern sind oft überrascht, wie schnell sich eine Fehlhaltung des Kindes im Stehen oder Sitzen nach den Edu-K-Übungen verändert, speziell nach den Übungen für die Augen (etwa *Gehirnknöpfe*, *Erdknöpfe*, *Raumknöpfe*, alle jeweils in Verbindung mit den Augenbewegungen, der liegenden Acht oder einer

Lateralitätsbahnung). Selbst das Schriftbild, Lesen und Leseverständnis verändern sich. Auch das Abschreiben von der Tafel macht weniger Schwierigkeiten.

Eine andere Erfahrung: Nach Edu-K-Übungen wie *Denkmütze, Eule, Schwerkraftleiter, Beckenschaukel* und *Energiegähnen*, sind die Kinder sofort begeistert, wie mühelos besonders das Rückwärtsbalancieren geht. Eltern und Lehrer berichten, seit das Kind besser balancieren könne, sitze es ruhiger und aufmerksamer in der Schule, ferner sei das Hören besser. Die Kinder selbst fühlen sich sicherer und nicht mehr so erschreckt und angegriffen, wenn hinter ihnen plötzlich etwas passiert.

Lernstile: Wird Sehen, Hören oder Bewegen bevorzugt?

Eltern berichten manchmal, bei einem Lehrer habe ihr Kind zum Beispiel im Fach Deutsch eine 2 gehabt, bei dem nachfolgenden Lehrer sei das Kind aber um 2 Notenstufen abgefallen. In solchen Fällen ist es für Eltern, Schüler und Lehrer hilfreich zu erfahren: Welchen Lernstil hat das Kind und welchen Unterrichtsstil der Lehrer?

Lernt das Kind bevorzugt über Sehen und Bewegen und unterrichtet der Lehrer über Sehen und Bewegen, so ist es für beide Seiten einfach, denn sie verstehen sich auf zwei gemeinsamen Lernebenen. Unterrichtet der nachfolgende Lehrer aber eher über Sehen und Hören, so verstehen sich dieser Schüler und dieser Lehrer nur über den Lernstil Sehen; dies kann Stress hervorrufen und der Schüler glaubt, dieser Lehrer verstehe ihn nicht. Erkennen Lehrer ihre nicht bevorzugten Lernstile und setzen diese dann bewusst in ihrem Unterricht ein, ist es für alle Schüler leichter. Nach dieser Veränderung spüren die Lehrer, dass die Schüler ihnen mehr Ausdauer, Aufmerksamkeit und Verständnis entgegenbringen.

Auch ich muss innerhalb meiner Therapie darauf achten, dass ich alle drei Lernstile einsetze, sonst brauche ich mich nicht zu wundern, wenn meine Patienten Übungen falsch verstehen und ausführen.

Übungsbeispiele mit Brain-Gym®

Die wichtigste Motivation zur Arbeit mit *Brain-Gym®* ist für mich und auch für die Kinder nicht, die Lernblockaden in der Schule in Bezug auf Lesen, Schreiben und Rechnen verändern zu wollen. Die wichtigste Motivation für die Kinder ist, dass der Lehrer sie mag, dass sie gute Freunde haben und dass sie im Sport noch besser werden möchten. Dieser Ausgangspunkt ist sehr einfach, es ist der Wunsch und der Wille der Kinder.

Positive Punkte

Die Eltern sollten angeleitet werden, den Kindern die Punkte zu halten. Dies ist eine wichtige und einfache Hilfe für die Kinder, die es ihnen erleichtert über ihre Probleme zu reden; sie haben Zeit sich mitzuteilen. Sie dürfen auch kräftig schimpfen, ohne dass die Erwachsenen gleich mit Erklärungen oder mit Wenn und Aber alles zu schlichten versuchen. So werden die Kinder ermuntert, problematische Schulsituationen mit viel Fantasie zu verändern. Die *Positiven Punkte* sind auch eine sehr gute Unterstützung zur Vorbereitung auf Situationen wie: ein Diktat schreiben, oder: dieses zu Hause zu üben.

– Die Eltern halten die *Positiven Punkte*. Die Kinder stellen sich dabei ihr Klassenzimmer genau vor: wo sie sitzen, wer davor, dahinter, links und rechts sitzt, wer oder was stört, wo der Lehrer sich befindet, wie der Lehrer sich verhält , während er das Diktat diktiert; was dabei stört; wie die Stimme des Lehrers ist; ob er umhergeht, sitzt, usw. Genau diese Situationen werden beim Halten der *Positiven Punkte* durchgespielt.

– Das Kind lernt zu Hause – während es die *Positiven Punkte* hält – ein Gedicht aufzusagen. Das Kind macht sich dabei zu den einzelnen Zeilen selbst Vorstellungsbilder. Auch hier ist es wieder wichtig, sich alle Umstände der Situation in der Schule genau auszumalen: Wo steht das Kind im Klassenzimmer, wie reagiert es, wenn andere Kinder stören, lachen oder der Lehrer einen besonderen Blick hat? ...

Werden die Kinder zu Hause in ihrem sicheren Umfeld mit diesen Dingen konfrontiert, lernen sie dadurch, in einer fremden Umgebung auch sicherer damit um- zugehen. Sie lernen und erleben, wie es ist, die Aufgabe und das Ziel genau vor Augen zu haben. Tritt dann ein Störfaktor auf, können sie innehalten und überlegen, wo sie stehen geblieben sind, um dann weiterzumachen. Sie haben zu Hause durchgespielt, was sie stören könnte, was sie ärgern oder verwirren und damit bewirken könnte, dass sie die Aufgabe, die sie zu Hause (zum Beispiel ein Gedicht aufsagen) so gut beherrschten, in der Schule nicht lösen können.

Kinder finden es reizvoll, durch so leichte, einfache Übungen in der Schule mehr Sicherheit zu haben. Möchten die Kinder noch mehr Sicherheit, damit das Gedicht nicht nur bis zur nächsten Schulstunde, sondern länger im Gehirn gespeichert bleibt, so ist eine nächste Variante, die Kinder auf einem Trampolin hüpfend das Gedicht aufsagen zu lassen. Oder sie spielen Ball oder versuchen während ihrer Freizeitbeschäftigung das Gedicht aufzusagen. Haben die Kinder auf diese Weise ihre Erfahrungen gemacht, so kennt ihre Fantasie kaum Grenzen, wo, wie und wann man die *Positiven Punkte* nutzen kann.

Übungen auf dem Trampolin

Nachdem die Kinder das Springen auf dem Trampolin gelernt haben, werden zusätzliche Aufgaben gestellt. Wenn es eine Aufgabe nicht ganz bewältigt, wählt das Kind eine Brain-Gym®-Übung, führt sie aus und probiert danach, ob es auf dem Trampolin nun leichter geht.

Zusammen wippen, klatschen, singen ist eine schwierige Kombination. Unterstützt mit Brain-Gym®-Übungen geht es leichter.

Auch Kinder, die diese Aufgaben zunächst nicht richtig koordinieren können, erfahren, dass sie selbst mit Unterstützung der Brain-Gym®-Übungen etwas verändern und sich in kleinen Schritten verbessern können.

Weitere Übungsbeispiele

– Das Alphabet aufsagen und dabei einen Ball fangen oder einen Luftballon schlagen. Oder: Ein Mitspieler sagt das A des Alphabets – das Kind antwortet darauf mit „1"; der Mitspieler nennt das B des Alphabets – das Kind die 2; so geht es im Rhythmus weiter bis zum Ende des Alphabets. Anschließend üben beide das Gleiche mit umgekehrten Rollen. Entsteht bei dieser Übung Stress oder Unlust, wählt das Kind eine Brain-Gym®-Übung, damit Spaß aufkommt und es über die eigenen Fehler lachen kann.

– Integration des Buchstabens im ganzen Körper: Das Kind schreibt das ganze Alphabet in Folge auf (a, b, c, d ...) und zeichnet dann einen kleinen Kreis (Kringel) um diejenigen Buchstaben, bei denen es überlegen musste. Danach malt das Kind eine liegende Acht (∞) und schreibt den Buchstaben genau in die Mitte.

Nach all diesen Übungsvarianten spüren die Kinder, was sich verändert:

● Die Arme sind nicht mehr so müde beim Schreiben.

● Der Kopf tut nicht mehr weh.

● Der Bauch fühlt sich besser an.

● Die Kinder können besser mitteilen, was gut oder was nicht so gut geht.

● Sie können die Buchstaben und Zahlen jetzt vor ihrem inneren Auge sehen, ohne dass sie sie schreiben müssen.

● Sport macht mehr Spaß, sie werden von selbst aufmerksam, warum es noch nicht so fließend geht. Sie spüren: Für jede neue Bewegung brauchen sie viel Zeit, damit sie leicht und automatisch funktioniert.

- Sie lernen Ausdauer.

Sehe ich in meiner Arbeit diese Veränderungen, dann komme ich zu dem Schluss: Brain-Gym® hat gewirkt. Das heißt, die Kinder müssen nicht mehr ständig üben, aber treffen sie erneut auf Schwierigkeiten, so greifen sie auf diese Übungen und Erfahrungen zurück.

Das emotionale Verhalten ist nach meiner Erfahrung das Erste, was sich durch Üben mit Edu-K verändert. Das Verständnis zwischen Lehrern, Schülern und Eltern verbessert sich, man sucht nicht mehr nach dem Schuldigen, sondern man ergründet, was man tun kann, damit alles leichter geht und Spaß macht. Alle Beteiligten lernen ihre Möglichkeiten und Grenzen kennen.

Beispiel: Ein Lehrer an einer Gewerbeschule schaffte es, nach einem Wochenendkurs mit Brain-Gym® in der darauf folgenden Woche eine Klasse zu unterrichten, die an der ganzen Schule verrufen war. Er übte nach jedem neuen Lernabschnitt mit den Schülern die *liegende Acht*, zum Teil unter riesigem Gelächter. Mit dem Erfolg, dass ein Schüler, der sonst grundsätzlich alles ablehnte, sich vor die Klasse stellte und in einem kurzen Protokoll den Unterrichtsinhalt wiedergab. Die wichtigste Aussage dieses Lehrers war für mich: „Dies hat nur funktioniert, weil ich in mir selbst durch diese neu erlernten Übungen genügend Veränderungen erfahren habe."

Wenn ich nicht selbst Edu-Kinestetik anwenden würde, hätte ich nie wahrnehmen können, was sich bei mir, in meinem Beruf, innerhalb meiner Familie, verändert hat. Dann könnte ich auch die Kinder mit ihren Problemen nicht so gut verstehen.

Kurt Zinke

Neurologische und psychologische Aspekte zur Begründung und Beurteilung des Brain-Gym®-Programms

Sind die Brain-Gym®-Übungen geeignet, Lernprozesse, insbesondere das Lesenlernen, zu fördern? Diese Frage sollte im Projekt „Leichter lernen durch Bewegen" überprüft werden und sie wird im vorliegenden Beitrag aus neurologischer Sicht betrachtet. Nicht beabsichtigt war mit dem Projekt, die Kinesiologie als Ganzes (Theorie und Praxis) in die Schulpraxis einzuführen. Aber weil nicht nur von Vertretern anerkannter wissenschaftlicher Disziplinen (zum Beispiel der Psychologie), sondern auch von solchen der amtlichen Aufsichtsbehörden (Kultusministerien) in der Vergangenheit mehrfach Kritik und Ablehnung dieser Disziplin veröffentlicht wurden, erscheint es angezeigt den eigenen Standort offen zu legen.

Gehirnfunktionen und Wahrnehmung

Für die Praxis der Pädagogik sind – besonders bei gezieltem Einsatz eines Brain-Gym®-Programms – die Fakten der Gehirnphysiologie und die Gesetze der Wahrnehmung zu berücksichtigen bzw. zu trainieren oder zu nutzen.

Das NERVENSYSTEM des Menschen umfasst *topographisch* gesehen peripheres und Zentralnervensystem, *funktionell* gesehen animales und vegetatives Nervensystem. (Peripheres und animales Nervensystem werden im Weiteren nicht näher betrachtet.) Diese Aufteilung entspricht einer Funktionsteilung, die wesentliche Voraussetzung ist auch für das Lernen bzw. die Beschulung von Kindern. (Vgl. dazu Grafik 4, Seite 152)

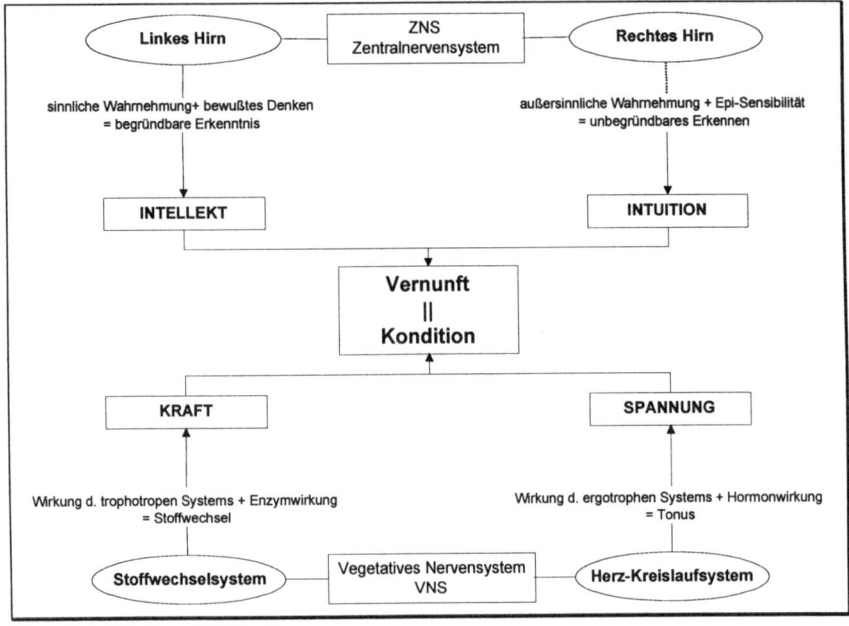

Grafik 4: Die Funktionsteilung im Nervensystem

Das Nervensystem entwickelt sich über die pränatale Phase hinaus während des ganzen Lebens weiter. Die ENTWICK-LUNG wird zwar genetisch vorprogrammiert und gesteuert, aber durch Anpassungsprozesse und die kontinuierliche Wechselwirkung mit den Umweltbedingungen moduliert.

Die Basis für die nötige Kreativität ist der gute SYNER-GISMUS zwischen der linken und der rechten Gehirnhälfte. Das rechte Gehirn liefert die Ideen, das linke prüft ihren Wert und ihre Verwertbarkeit. Dabei gilt die DOMINANZREGEL, das heißt, dass im Wechsel entweder das linke oder das rechte Hirn dominiert. In der Schulpraxis ist dazu kreatives Denken zu üben, das heißt zum Beispiel Üben des Wiedererkennens von Dingen in jeweils veränderter Form oder in anderem Zusammenhang (über visuelle Wahrnehmung).

Zur Dominanz der Gehirnhälften kommt die der Körperhälften, das Phänomen der LATERALISATION. Sie ist bedeutsam für die individuelle Zuordnung von Behandlungsmaßnahmen, nicht nur bezüglich der körperlichen Leistungstendenz, sondern auch, weil sie die Ausrichtung des Bewusstseins mitbestimmt. In der konventionellen Behandlungspraxis werden diese Phänomene in der Regel ignoriert und deren Folgen auf Fremdeinflüsse zurückgeführt, weshalb auch die Behandlung darauf hinzielt, solche auszuschalten oder ihre Auswirkung zu kompensieren; Maßnahmen, die weder der Ursachensanierung noch der Gehirnreife förderlich sind.

Die GEHIRNREIFUNG selbst ist ein störanfälliger Prozess der SELBSTORGANISATION der neuralen Netzwerke und die Voraussetzung der *geistigen REIFUNG*, aber auch die BEWEGUNGSMUSTER werden so gebildet und engrammiert. Da menschliche Gehirne sich wegen ihrer Plastizität, Empfindlichkeit und Aufgabenvielfalt so verschieden entwickeln, muss die naturgesetzliche Wechselwirkung mit allen Prozessen der Innen- und Außenwelt als die kardinale Entwicklungshilfe eingestuft werden.

Das heißt, GEHIRNENTWICKLUNG verläuft zwischen den Polen: Milieueinfluss und genetische Vorgaben. (Vgl. dazu die Übersicht in Grafik 5, Seite 154)

Um der Versuchung zu begegnen, kinesiologische Übungen allein auf das Problem der „Links-" bzw. „Rechtshirnigkeit" zu reduzieren, sei darauf hingewiesen, dass auch Vorder-, Mittel- und Hinterhirn für typische Funktions- und Verhaltensweisen zuständig sind und dass darüber hinaus auch unterschieden werden muss zwischen Gehirnteilen, die bereits im animalischen Bereich wesentliche Funktionen hatten, und solchen, die sich speziell beim Menschen neu entwickelt haben (Hirnstamm- und Hirnrinde).

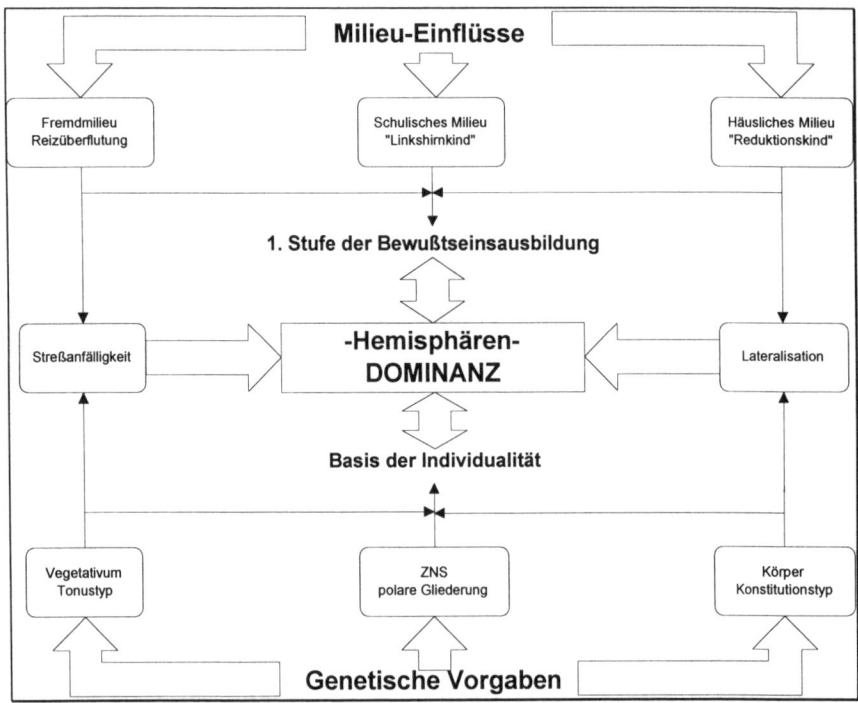

Grafik 5: Gehirnentwicklung zwischen den Polen Milieueinfluss und genetische Vorgaben

Danach sind zu unterscheiden RINDEN- und TIEFENPER-
SON, wobei die Rindenperson das INTELLIGENZWESEN ist,
ausgezeichnet durch Vorderhirnfunktion, zum Beispiel als
Gegenwartsbewusstsein, und auch durch die Linkshirndomi-
nanz im Sinne des linear-analytischen Denkens.

Die Tiefenperson dagegen ist das VITALWESEN (endothy-
mer Grund nach LERSCH) mit der Hinterhirnfunktion als Ver-
gangenheitsspeicher und der Rechtshirndominanz im Sinne
des ganzheitlich-analogen Denkens. Als Gegenpol wird im folgenden Schaubild (vgl. Grafik 6, Seite 155) die DNA als Speicher der genetischen Engramme aufgeführt.

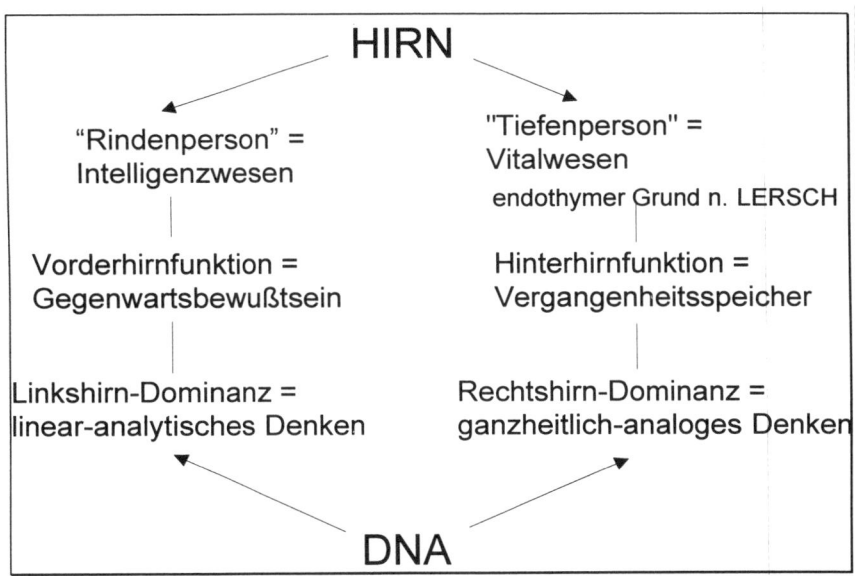

Grafik 6: Die DNA als Speicher der genetischen Engramme

Zusammenfassend sind wesentliche Gehirnfunktionen und Gehirngesetze in der Tabelle 1 auf Seite 156 dargestellt.

Denkstile

Auch die WISSENSCHAFT wird von den Gehirnfunktionen mit dominiert, und zwar über den DENKSTIL. Denkstile haben auch die Kultur bestimmt und diese Welt verändert. Und das, obwohl die Kapazität des menschlichen Gehirnes nur zu einem Bruchteil genutzt wird und auch die Kräfte des Unterbewusstseins weitgehend unterdrückt bleiben. Für die Entwicklung spezifisch humaner Werte hat sich diese Einengung eher als hinderlich erwiesen, insbesondere die Konsequenzen des Denkstils der konventionellen Naturwissenschaft in Form von Technokratie, Bürokratie und anderen materialistisch ausgerichteten Institutionen der Macht. Die Tabelle 2 (Seite 157) zeigt eine vergleichende Gegenüberstellung der verschiedenen Denkstile.

„DOMINANZGESETZ" = Die dominante Gehirnhälfte entscheidet über: 1. die allgemeine INTEGRATION der verschiedenen WAHRNEHMUNGEN 2. die spezifische Notfall-Reaktion unter STRESS	
LINKSHIRN-DOMINANZ	RECHTSHIRN-DOMINANZ
Sach- und detailbezogenes Denken = kausal-analytisches Vorgehen zum Erfassen messbarer bzw. wägbarer Einheiten Wissenschaftliche GESETZMÄßIGKEIT = LINEARITÄT	**Prozess- u. ganzheitsbezogenes Denken** = induktiv-synthetische Betrachtungsweise Wissenschaftliche ZIELSETZUNG = ERKENNTNISGEWINN
Konsequenzen für die Heilpraxis:	Konsequenzen für die Heilpraxis:
DIAGNOSE nach messbaren, pathologischen SYMPTOMEN THERAPIE der Symptome VERNACHLÄSSIGUNG der GANZHEIT MENSCH	DIAGNOSE nach FUNKTIONS-DIAGNOSTIK auf allen drei Seinsebenen THERAPIE als „systemische" Ganzheitstherapie"
VORDERHIRN	HINTERHIRN
GEGENWARTSBEWUSSTSEIN = Zone für bewusstes, assoziatives Denken mit der höchsten Zellkernkonzentration: Es regelt (hemmt oder aktiviert) die untergeordneten neurophysiologischen Aktivitäten und wird selbst gehemmt durch emotionalen STRESS.	VERGANGENHEITSSPEICHER und allgemeine Integrationszone zur Verarbeitung des Wahrgenommenen Es reagiert und kontrolliert motorische Abläufe nach gemachten Erfahrungen und dem Ausmaß der beteiligten kinästhetischen Sensibilität.
Das „ALLES-ODER-NICHTS-GESETZ" gilt für alle ÜBERLEBENS- u. WEITERENTWICKLUNGSREAKTIONEN, hat absolute Priorität und löst stets eine 100 %-Reaktion aus (als Rangfolge: ANGST u. SCHMERZVERMEIDUNGSREAKTIONEN). Bewährtes hat dabei Vorrang vor Neuem.	

Tabelle 1: Grundgesetze und Gehirnfunktionen

DENKSTILE	
←	→
Kausal-analytischer Stil	**Analog-synthetischer Stil**
I. Typisch für ...	I. Typisch für ...
1. Bewohner Westeuropas, besonders nach Verstädterung und Industrialisierung	Bewohner Asiens und andere ethnische Einheiten (Indianer u.a.)
2. die schizothyme KONSTITUTION Verhalten = egozentrisch; Wunschposition = freier Bürger	2. die cyclothyme KONSTITUTION Verhalten = altruistisch Wunschposition = solidarisch zufriedenes Gruppenmitglied
die MÄNNLICHE MEINUNGS-BILDUNG	die WEIBLICHE MEINUNGS-BILDUNG
II. Als Folge von ...	II. Als Folge von ...
LINKSHIRN-DOMINANZ durch frühzeitige Belehrung unter Vernachlässigung der Entwicklung des LIMBISCHEN SYSTEMS.	Rechtshirn-Dominanz nach freier kindlicher Entwicklung, angepassten Lehr-methoden (zum Beispiel WALDORF-PÄDAGOGIK) und optimalen Entwicklungsbedingungen für das LIMBISCHE SYSTEM.
INTELLEKTUALITÄT als Antrieb zum Gestalten von Lebensstil und Weltanschauung; äußere Erfolge bestimmen die Lebensqualität.	Ziel = humane Lebensführung, INTELLIGENZ als nützliches Instrument der Lebenspraxis.
III. Verbindlich praktiziert in der ...	III. Verbindlich praktiziert in der ...
KLASSISCHEN NATURWISSEN-SCHAFT zur Objektivierung der Wirklichkeit und ihrer Teilbereiche, Lebensproblematik, von Kunst und mittels messender und experimenteller Methoden.	HUMANEN GEISTESWISSEN-SCHAFT zur Beschreibung und Diskussion von menschlicher Entwicklung und Lebensqualität.

Tabelle 2: Denkstile und ihre Konsequenzen

Für die SCHULPRAXIS ist zu bedenken, dass die typische Spezialisierung der beiden Gehirnhälften ein Produkt der Entwicklung und Wechselwirkung mit dem Innen- und Außenmilieu ist; so ist zum Beispiel die Tendenz zur Sprachbildung in der linken Gehirnhälfte genetisch vorprogrammiert; fällt diese

Gehirnhälfte jedoch vor dem 5. Lebensjahr aus (zum Beispiel durch operative Entfernung), entwickelt sich auch in der rechten Gehirnhälfte ein komplettes Sprachzentrum. Die typische Spezialisierung der beiden Gehirnhälften – wie oben beschrieben – ist erst nach dem 9. Lebensjahr endgültig abgeschlossen.

So wie jede Zelle zunächst omnipotent ist und erst durch die funktionelle Einbindung und Einübung determiniert wird, so ist das Gehirn des Menschen vor dem 5. Lebensjahr noch so undifferenziert, dass jede Hälfte die Funktion der anderen voll ausbilden kann (wenn diese ausfällt).

Die LEISTUNGSFÄHIGKEIT des Erwachsenengehirns ist das Ergebnis der Beschulung, das heißt eines speziellen Trainings in der Kindheit bzw. Schulzeit. Diese große Chance wird von der konventionellen Pädagogik leider nur einseitig, das heißt zur Ausbildung der *linken* Gehirnhälfte genutzt. Nach den Erfahrungen der GEHIRNFORSCHUNG haben Menschen sehr verschiedene Gehirnorganisationen mit verschiedenem Maß an Lateralisation, was – wenn man optimale Lernerfolge erzielen will – entsprechend berücksichtigt werden müsste.

So ist das Zusammenwirken beider Gehirnhälften Voraussetzung dafür, dass das binokuläre Sehen (= die Funktionseinheit beider Augen) hergestellt und so ein einheitliches Gesichtsfeld gesichert wird und dass die Koordination der Bewegung beider Körperhälften harmonisch gelingt und die Autonomie der individuellen Bewegungsmuster möglich wird. Ist das Zusammenwirken mangelhaft, resultieren daraus Schwierigkeiten:

- im visuellen Nahbereich, das heißt beim Lesen, Schreiben und beim plastischen Sehen,
- bei der Ganzkörperorganisation, zum Beispiel beim Spielen.

Ursachen für ein solch mangelhaftes Zusammenwirken können sein:

1. Das Überspringen der Krabbelphase, das heißt kein Üben der Überkreuzbewegungen, denn diese stimulieren die Entwicklung der exzessiven und rezeptiven Gehirnhälften.

2. Zu frühes Stehen, das heißt durch zu frühe Gesichtsfelderweiterung und Überspringen der Ausbildung der Wahrnehmung des visuellen Nahbereichs und durch die plötzliche Umstellung auf eine extreme Kreislaufbelastung (Herz muss Blut nach oben pumpen) kann die Gehirnentfaltung gebremst werden.

3. Auch Flüssigkeitsmangel (zu wenig trinken) kann die optimale Entwicklung bremsen, weil zur Weiterentwicklung stets ein optimal hydrierter Organismus erforderlich ist.

GEHIRNENTWICKLUNGSSTÖRUNGEN werden medizinisch als „minimale cerebrale Dysfunktionen" bzw. Insuffizienzen zusammengefasst und in der Praxis unterschieden als „hyperkinetisches Syndrom"; allgemeines Defizit-Syndrom und „Lese-Rechtschreib-Schwäche".

Bewegung

Im Blick auf die aktuelle Diskussion sind einige Ausführungen zum Thema Bewegung zu machen. BEWEGUNG an sich ist als URPHÄNOMEN physikalisch durch die Quantentheorie begründet und als Wellennatur der subatomaren Teilchen definiert. Unterhalten wird sie durch das Evolutionsprinzip der Anziehung und Abstoßung, wonach durch diese gesetzmäßige permanente Wechselwirkung aus der primär ungerichteten Bewegung eine formbildende wird. Physiologisch ist Bewegung eine Prozessfolge von Anspannung und Entspannung infolge des Zusammenwirkens von Stoffwechselaktivitäten mit Reizqualitäten. Die Stoffwechselaktivität wird unterhalten vom Stoffwechselrhythmus als Druck und Sog (in der Zelle).

Psychologisch ist Sichbewegen Ausdruck der Vitalität und bereitet Lust (insbesondere bei Säuglingen und Kleinkindern). Es ist deshalb ein Aspekt der Lebensqualität. Bewusste differenzierte Bewegung vermittelt zudem das Bild vom eigenen Körper und dessen Möglichkeiten, das heißt die Ausbildung der Körperwahrnehmung (plus Berührungsempfindung der Haut). Differenzierte Bewegung und bewusste Körperwahrnehmung entwickeln die Raum-Zeit-Wahrnehmung als psychische Elementarleistung bzw. Grundelement der mathematischen Kompetenz.

Einige Begriffserläuterungen

MOTORIK ist die Vielfalt der willkürlichen, aktiven Bewegungsvorgänge, die vom Kortex (Hirnrinde) gesteuert werden.

Die MOTILITÄT fasst die Bewegungen zusammen, die subkortikal, das heißt vegetativ oder reflektorisch gesteuert werden.

Die SENSOMOTORIK ist die Integration der motorischen Abläufe in das Informationsnetz des Organismus. Rückwirkend bestimmt sie den Zustand der Bewusstheit mit. Durch die emotionale und informatorische Besetzung werden Bewegungsabläufe zu Bewegungsmustern und zu Verhaltensmerkmalen potenziert: Ein BEWEGUNGSMUSTER wird zum VERHALTENSMUSTER!

KINÄSTHETISCHE SENSIBILITÄT erwächst aus den Erfahrungen (Informationsspeicher) des Zusammenwirkens von Körper und Psyche bei allen bewussten Bewegungsabläufen. Um sie zu stabilisieren, müssen nach Phasen der Anspannung solche der Entspannung folgen (bzw. sollten nutzlose Anspannungen vermieden werden) oder die Belastungsschwelle muss durch gezieltes individuelles Training angehoben werden.

Die PSYCHOMOTORIK des Menschen bestimmt dessen INDIVIDUELLE AUSDRUCKSGESTALT, moduliert durch ständig wechselnde Anteile von Emotion und Affekten als vitale Aktivatoren und die Vernunft als deren Kontrolleur. Die bewusste Wahrnehmung der eigenen motorischen Gestaltung moduliert ihrerseits den Zustand der „zentralen Bewusstseinsbildung" (als Feedback).

Die EDU-KINESTETIK versucht die Synthese zwischen „angewandter" Kinesiologie als Lehre von den Muskelreaktionen und der Lerntheorie. Sie erforscht den Informationsgehalt von Körperhaltung, Gestik und Bewegung, um eindeutige Informationen für Lernprogramme zu nutzen. Sie benutzt als therapeutisches Vehikel psychomotorische Übungen und eine eigens entwickelte Gymnastik (Energiebalancen, Integrationsübungen u.a.), um durch diese Lernblockaden zu lösen – zum Beispiel Legasthenie.

Wahrnehmung

Die Bedeutung der WAHRNEHMUNG im Allgemeinen und deren individuelle „Ausstattung" kann nur kurz besprochen, die Bedeutung von Atemtechniken bei den verschiedenen Bewegungsaktionen nur angedeutet werden.

Die WAHRNEHMUNG als Prozess der Reizaufnahme, Reizerweiterung- und Umsetzung ist nicht nur von der Qualität und Spezifität des Rezeptors abhängig, sondern auch von den Vorgängen der psychischen Zuordnung und/oder der Verfälschung eines wahrgenommenen Reizes. Das kann beim Menschen so weit führen, dass mithilfe der Fantasie oder Autosuggestion abstrakt-theoretische Kreationen produziert werden, die gegen jegliche Logik sprechen. Fantastische Vorstellungen wirken darüber hinaus auch auf die Psychomotorik induzierend. Dabei muss unterschieden werden zwischen der Psychomotorik der quer gestreiften Muskulatur und der Vasomotorik der glatten Muskulatur der Gefäße und inneren Organe.

Als individueller Prozess ist die Wahrnehmung geprägt durch:

- den Grad der WAHRNEHMUNGSVERZERRUNG, das ist der Grad der individuellen Verarbeitungsweise von Außenreizen. Diese wird begrenzt durch genetisch codierte chemische Signale aus dem Fundus der kollektiv entwickelten Überlebensstrategie; eingeübt wird sie durch tradierte Spiele der Kindheit und durch deren Engrammierung, die so die

Ordnung und Kontinuität sichern („Übung macht den Meister"). Die optimale Ausreifung des menschlichen Gehirns bedarf sowohl der Differenziertheit der Spiel- und Lernprozesse als auch der Überschaubarkeit derselben; das ist notwendig, damit man das, was geschieht, bekannten und ähnlichen Mustern zuordnen kann.

- den Grad der Gehirnreifung, insbesondere das Zusammenwirken beider Gehirnhälften. Prinzipiell leidet jede Beschreibung der Wahrnehmung der komplexen Wirklichkeit unter einem verbalen Defizit, das heißt die Wirklichkeit ist nie absolut beschreibbar, wobei das Ausmaß des Defizites maßgeblich vom Stand der Entwicklung mitbestimmt wird (bzw. vom Wirken der *Emotio* und der *Ratio*).

- die individuell verschiedene Ausprägung der Organwahrnehmung. Prinzipiell sind die inneren Organe des menschlichen Körpers als Stoffwechsel-, nicht aber als Sinnesorgane definiert; dennoch sind alle Organsysteme über das generelle Feedback-Prinzip in allen ganzheitlichen Wahrnehmungsprozessen eingeschlossen, das Heißt, durch ihre Reaktionen (Rückmeldungen) auf intensive psychische (also biophysikalische) und endokrine (= biochemische) Prozesse werden sie zu Inhalten einer inneren Wahrnehmung und beeinflussen mehr oder weniger die Erlebnisqualität von Wahrnehmungen und nicht zuletzt deren Beurteilung. Organempfindungen sind nicht nur unspezifische Empfindungen, sondern können als Unwohlsein oder Schmerz die verschiedensten Qualitäten annehmen. Selbst angeborene Organminderwertigkeiten können über die Verschiedenheit der Reizschwelle die Gestaltungswahrnehmung mit modulieren. Darüber hinaus sind auch Auswirkungen auf Bereiche des Bewegungsapparates zu berücksichtigen. So erzeugt eine Verdrängung negativer Erfahrungen Spannungsschmerz in der Kopfregion (in der Steigerung bis zur spastischen Migräne) oder Angst erzeugt Spannung im Nacken („Angst sitzt mir im Nacken").

Zusammenfassung

Wahrnehmung ist primär auf die äußere Welt ausgerichtet, aber schon dabei ein systemischer, das heißt komplexer, labiler und deshalb entwicklungsfähiger Prozess, dessen Subsysteme (Fraktale) nach ausreichender Erfahrung vom Individuum instrumentalisiert werden können. (Volksmund: „Jeder sieht durch seine Brille.")

Subsysteme sind die jeweilige Sinneswahrnehmung, deren Interpretation, die emotionale Besetzung und die Vergleiche mit früheren Erfahrungen. Alle Funktionen sind störbar, durch organische, emotionale oder rationale Reize bzw. Irritationen.

„Leichter lernen durch Bewegen" ...

... ist nicht nur das Problem des Lernens, sondern auch das der Intelligenz als der kardinalen Werkzeugfunktion zur Bewältigung aktueller Probleme und Zielplanungen. Intelligenz ist dafür verantwortlich, dass aus dem ständigen Zustrom an verschiedensten Informationen Wissen und Erfahrung wird. Informationen allein sind noch kein Wissen; erst wenn sie ein strukturiertes Bild ergeben und emotional besetzt werden, können sie als Wissen gespeichert und wieder erinnert werden. Je höher die emotionale Besetzung, umso fester und sicherer ist die Speicherung. WISSEN ist jedoch nur so lange nützlich, wie es die Erlebnisse und die Identifikationsfähigkeit nicht behindert oder gar aufhebt. Das heißt, es muss akzeptabel und überschaubar bleiben und darf den Einzelnen nicht „erdrücken".

Das Medium des Wissens ist die SPRACHE. Sie muss gelernt werden, wozu ausreichend Speicherkapazität und Speicherfähigkeit notwendig sind. Dennoch gibt es nebenher auch sprachunabhängige Informationen, die gespeichert werden, und diese Fähigkeit beginnt bereits bei der einzelnen Zelle. Zum Beispiel speichert die Magenschleimhaut eines Neugeborenen Reize der ersten Nahrung, um danach die notwendigen Verdauungssäfte aktivieren zu können, und

163

solange das Lernen noch motorisch gekoppelt ist, werden die erworbenen Informationen im Muskelsystem gespeichert.

Die SPEICHERFÄHIGKEIT, gleich in welcher Form, wird nach dem DODSON-Gesetz sowohl von zu wenig als auch von zu viel Reizen negativ beeinflusst. Die dabei notwendige Konzentration ist abhängig von echtem Interesse (FLOW-Gesetz).

Die INTELLIGENZ ist ein entwicklungsfähiges Instrument zum Zwecke der Anpassung an die Realität mittels erworbener Handlungsfähigkeit. Die Handlungsfähigkeit wird aufgebaut durch das motorische Lernen, das heißt, das Kind ist primär ein LERNWESEN, das sich zum Intelligenzwesen (*Homo sapiens*) entwickelt. Endziel dieser Entwicklung ist die Ausbildung der Vernunft als Kontrollorgan der AUTONOMIE der PERSÖNLICHKEIT.

Zu ergänzen ist in diesem Zusammenhang auch die These, dass die Intelligenz die „zielgerichtete" Anpassung an die für das Leben des Individuums relevante Außenwelt ist. Die Anpassung, die zuerst durch Reflexe geregelt wird, erfolgt später ganz wesentlich durch Intuition, wobei diese INTUITION sowohl typenspezifisch als auch geschlechtsspezifisch ist. Auch sie ist ein originäres Instrument der Anpassung, insbesondere zur Gefahrenabwehr.

LERNFÄHIGKEIT ist prinzipiell ein störanfälliger Prozess, weil er sowohl Störungen von außen als auch von innen ausgesetzt ist und bleibt. Als Fähigkeit ist sie abhängig ...

– vom Lerntyp, dessen Kondition und Interessenausrichtung

– von der jeweils angewandten Lernmethode und dem Umfeld

– vom Ausmaß und der Qualität der einwirkenden Stressfaktoren

– von der Spezifität des sozialen und personellen Umfeldes bzw. der Zusammensetzung von Klassen oder Gruppen und

– nicht zuletzt vom jeweiligen Leistungsniveau und der Leistungsanforderung der verantwortlichen Lehrer.

Bestehen optimale Konditionen, ist der Weg für Vernunft- und Erkenntnisfähigkeit gebahnt und die Intelligenz wird zu VERNUNFT, die ihrerseits den LEISTUNGSWILLEN initiiert und angemessen verteilt, sodass sich auch LEBENSFREUDE mit ihm verbinden kann. Das heißt, dass man sich nicht dem Zwang eines grenzenlosen Ehrgeizes bzw. Karrierestrebens ausliefert. Und das heißt auch, dass sie selbst nicht zum intelligentesten Objekt (Arbeitskraft) instrumentalisiert werden kann.

Will man aber GESUNDHEIT und LEISTUNGSFÄHIGKEIT erhalten und fördern, muss auch der *erwachsene Mensch* nicht als Intelligenzwesen, sondern als Lernwesen definiert werden. Nur wenn der Mensch sich als Lernwesen versteht, halten Motivation und Leistungswille ein Leben lang allen Störversuchen stand. Und nur dem Menschen als Lernwesen wird es gelingen, die Vielzahl der Informationen und Erfahrungen überschaubar zu halten und diese durch VERWESENTLICHUNG anstatt Reduktion nützlich zu machen.

In der Entwicklung wird sich dabei die SPRACHE als wichtige Hilfe bewähren, nicht nur, dass sie die Identifikation und Solidarität mit Interessengemeinschaften und anderen Gruppen stärkt, sondern vor allem, weil sie die Erkenntnisfähigkeit ständig weiterentwickelt und differenziert. Zum Beispiel:

GESUNDHEIT ist etwas, das man *hat* – und notfalls *einfordern* kann.

GESUNDSEIN ist etwas, das man *ist* und um das man sich selbst *bemühen* muss.

Gesichtspunkte zur Beurteilung des Projekts „Leichter lernen durch Bewegung"

Angesichts der relativ geringen Zahl der beteiligten Kinder muss an dieser Stelle einmal auf die begrenzte Aussagekraft der Projektergebnisse nach empirisch-wissenschaftlichen Kriterien hingewiesen werden. Unter diesem Vorbehalt lässt sich sagen:

Das Übungsprogramm

Prinzipiell ist das Brain-Gym®-Programm ...

- methodisch eine sachangemessene Methode; es ist eindeutig auf definierbare pädagogische und humane Ziele ausgerichtet und

- ohne Stilbruch in den normalen Lehrplan integrierbar.

Unter Gesichtspunkten der Praxis ist die Methode ...

- kindgerecht und

- entwicklungsadäquat, das heißt, sie wird von Grundschülern akzeptiert und sie befriedigt die Bedürfnisse ihrer Entwicklungsphase, ohne dass andere Lernmethoden oder Lernziele gefährdet werden.

Prognostisch ist das Brain-Gym®-Programm Wegbereiter ...

- für ein erweitertes Programm und weiterführende spezifische Verfahren und

- für ein allgemeines Sozialtraining.

Die geförderten Kinder

In der Zielgruppe (rote Gruppe) konnten sich deren Mitglieder durch die Aktivitäten des Programms eindeutig als BEWEGUNGSWESEN und LERNWESEN darstellen und akzeptieren:

a) Als BEWEGUNGSWESEN nutzten sie das Bewegungsangebot sowohl zur Befriedigung des Spieltriebes (= Lusteffekt) als auch zum Training der neuen Bewegungsabläufe. Die Eigeninitiative zum Üben wurde vornehmlich durch die

166

Neuheit der Übungsabläufe angestoßen. Weil die Art der Kombination der Übungen neuropsychologische Aktivitäten erfordert, wurde durch diese die Körperwahrnehmung und danach auch das Körperbewusstsein gesteigert – beide sind kardinale Voraussetzungen für das Bewegungslernen!

b) Als LERNWESEN befriedigten sie ihre natürliche Neugier und genossen Erkenntnisgewinne, insbesondere wenn sie eigeninitiativ handeln durften. Im Umgang mit der Gruppe erfuhren sie die Vielseitigkeit individueller Verhaltensformen und lernten, die eigenen einzusetzen und dabei diese zu stabilisieren, anzupassen oder auch zu korrigieren – um ihre Integration in der Gruppe nicht zu gefährden (Förderung der sozialen Umgangsformen auch im Allgemeinen). Ansatzweise konnte vermittelt werden, dass Gruppen- und Einzelerfolge nicht nur sicher zu erreichen sind, wenn das Programm systematisch erfüllt wird, sondern dass sie zudem der Akzeptanz und Einhaltung der allgemein verbindlichen Wertnormen bedürfen, die jeweils vom Übungsleiter vorgegeben und vorgelebt werden müssen.

Weitere Ergebnisse

Die Akzeptanz der Brain-Gym®-Übungen durch Grundschüler hat sich bei dieser Untersuchung erneut bestätigt. Sie beteiligten sich mit Lust und Engagement.

Die Annahme, dass freie Bewegung in der Unterstützung des Leselernprozesses erfolgreicher sein würde, wurde durch die Unterschiede der Gruppenergebnisse eindrucksvoll widerlegt.

Weil sich nicht nur die Lese- und Schreibleistungen verbesserten, sondern auch die Umgangsformen, könnte als Hypothese für weitere Forschungen formuliert werden, dass bei einer gezielten Erweiterung des Programms (einschließlich ausreichender Information für die Eltern) auch das Problem GEWALT AN SCHULEN zu entschärfen ist bzw. dem vorgebeugt werden kann.

Die für die Bildungs- und die Gesundheitspolitik Verantwortlichen sollten verhindern, dass eine Fehlentwicklung der Medizin bzw. des Gesundheitswesens dem Bildungswesen in gleicher Weise widerfährt, nämlich dass auch in der Schulpraxis noch korrigierbare Entwicklungs- oder Leistungsstörungen bereits als Krankheiten bzw. Therapiefälle definiert werden.

Danksagung

Dieses Buch konnte nur dank der unterstützenden Mitarbeit von guten Freunden und Kollegen entstehen. Daher möchten wir uns bei diesen sehr herzlich bedanken:

Sabine Fey half bei der Planung, der Durchführung und der Nachbearbeitung des Projekts „Leichter lernen durch Bewegen" mit.

Susanne Rühl (Stadt Wetzlar) und Brigitte Best (Lahn-Dill-Kreis) konnten durch die Freistellung von Seiten ihrer Arbeitgeber genauso wie Renate und Sabine Fey (Lehrerinnen) jeden Morgen mit den Kindern vor Ort arbeiten.

Michael Beigel regelte mit viel Geduld die computertechnischen Angelegenheiten.

Carlo Schulz übernahm das arbeitsreiche Zusammenstellen des Manuskripts und unterstützte uns durch seine hilfreiche und ermutigende Beratung.

Die Studenten und die Mitarbeiter der Universität Gießen halfen durch ihren Einsatz ebenso wie die Kolleginnen und Mitarbeiter der Philipp-Schubert-Schule in Wetzlar zum Gelingen des Projekts mit. Ein besonderer Dank geht jedoch an die Kinder meiner früheren Klassen und Gruppen, da sie die Fotos ermöglichten.

Dorothea Beigel

Über die Autoren

Dorothea Beigel, Jahrgang 1951, verheiratet, zwei Söhne
Diplom-Sozialpädagogin (NDT), Motopädagogin, Lehrerin
24 Jahre als Klassenlehrerin tätig, davon 16 Jahre an einer
Schule für Lernhilfe, 8 Jahre an einer Grundschule, seit 1992
Mitarbeit im HeLP (Hessisches Landesinstitut für Pädagogik)
Seit 1998 Diagnostik und Förderung auf neurophysiologischer
Grundlage, Staatliches Schulamt, Standort Wetzlar, Schwerpunkt: Erziehungshilfe.

Waltraud Steinbauer, Jahrgang 1955, verheiratet, ein Kind
Physiotherapeutin seit 1976, eigene Praxis in Eberbach seit
1979
Weiterbildungen: Manuelle Therapie, Sportmedizin, neurophysiologische Techniken, PNF, Psychomotorik, Vojta-Therapie,
Orthobionomie, Shiatsu, Lymphdrainage, Akupunktur, Kraniosakral-Therapie, Kinesiologie (seit 1982), Sehlehrerin, sensorische Integration.
Arbeitet hauptsächlich mit Säuglingen, Kindern, Jugendlichen
und behinderten Kindern.

Dr. Kurt Zinke, Jahrgang 1926, verheiratet, fünf Kinder, elf
Enkelkinder
Dr. med., Diplompsychologe, Medizinaldirektor i.R.
1952: erste Promotion nach dem Physikum an der Universität
Halle,
Unterbrechung durch politische Haft in der ehemaligen DDR,
zweite Promotion an der Universität Göttingen, danach Facharztausbildung in Neurologie und Psychiatrie, Weiterbildung
zum Naturheilkundler.
Gutachter und Autor, zuletzt Medizinaldirektor und Neurologe
beim Land Hessen.

Dr. Paul E. Dennison / Gail E. Dennison:
BRAIN-GYM®-Lehrerhandbuch

Diese leicht verständliche Arbeitshilfe für Lehrer, Erzieher und Eltern bringt auf jeder Seite zu jeweils einer BRAIN-GYM®-Übung einige Unterweisungstipps. Diese befähigen dazu, die Übung für ein bestimmtes Kind oder eine bestimmte Situation zu erklären, abzuwandeln oder weiterzuentwickeln. Außerdem finden sich zu jeder Übung übersichtlich angeordnete Informationen zu ihren Wirkungen.

54 Seiten, 115 Abbildungen,
Spiralbindung (21 x 29 cm)
ISBN 3-924077-70-3

Carla Hannaford:
Bewegung – das Tor zum Lernen

Die Entdeckung, dass Bewegung nicht nur das Lernen, sondern auch Kreativität, Gesundheit und Stressmanagement entscheidend verbessert, ist für viele von Interesse: für Geschäftsleute, die mit Stress fertig werden und dabei produktiv sein wollen; für alte Menschen, die ihr klares Denken, ihr Gedächtnis und ihre Vitalität behalten möchten; für Pädagogen, Lehrer und Eltern, die auf eine gesunde Entwicklung ihrer Kinder bedacht sind; und schließlich für die Kinder und Erwachsenen, denen leichtfertig „Lernstörungen" oder „Verhaltensstörungen" attestiert werden, als seien dies Krankheiten. Allen zeigt das Buch einen Weg, ihre Fähigkeiten zum Lernen und zu schöpferischer Tätigkeit gezielt auszubilden.

278 Seiten, 43 Abb., Paperback (15 x 21,5 cm),
ISBN 3-924077-93-2

Ingrid Fink:
Kein Stress mit LRS
Praxiserprobter Leitfaden für Eltern und Pädagogen

Woher kommt LRS bzw. Legasthenie? Woran erkennt man sie? Wie funktioniert Lernen? Mit ihren Antworten vermittelt die Autorin aktuelles Fachwissen. Sie lenkt den Blick auf die Stärken der Legastheniker, auf das besondere Profil ihrer Begabung.

Den Schwerpunkt des Buches bilden kinesiologische Bewegungsspiele und spezielle Lernhilfen für Lesen, Schreiben und Rechnen. Darunter sind sowohl Vorschläge für die Unterstützung zu Hause als auch Techniken für den Schulunterricht und die Lernberatung.

210 Seiten, 115 Abbildungen, Paperback (16 x 22,5 cm),
ISBN 3-935767-39-0